Soon

미루기의 천재들

SOON

미루기의 천재들

레오나르도 다빈치와 찰스 다윈에서
당신과 나에게로 이어지는 미루기의 역사

앤드루 산텔라 지음 | 김하현 옮김

어크로스

의무 따윈 던져버리자.

— 존 베리먼John Berryman, 《꿈의 노래Dream Song》,

82: OP. POSTH. NO. 5.

차례

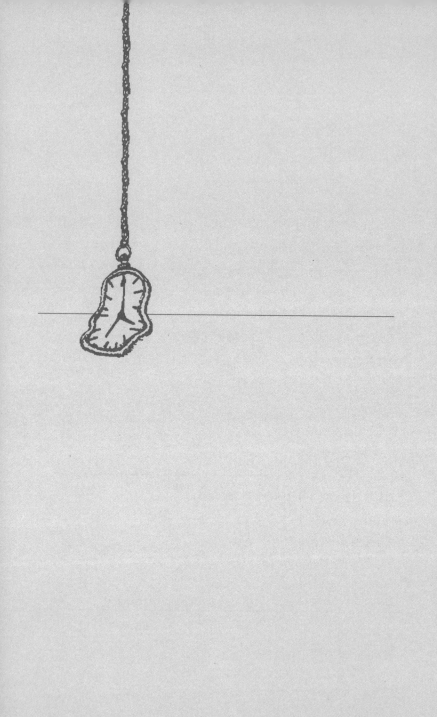

Soon

1장

부지런하게 꾸물거리기

다윈의 비밀 노트

아버지는 나보고 성직자가 되라고 하셨다.
내가 점점 밖으로 나도는 게으른 인간이 되는 걸 끔찍이
싫어하셨는데, 당시에는 그것이야말로
내게 꼭 맞는 길인 것 같았다.
나는 생각할 시간을 좀 달라고 했다.
— 찰스 다윈, 《나의 삶은 서서히 진화해왔다: 찰스 다윈 자서전》

할 일을 미루는 사람도 어딘가에서는 시작을 해야 한다(시작을 할
수 있다면 말이지만). 그러니 찰스 다윈Charles Darwin에서부터 한번 시
작해보자.

찰스 다윈은 1837년 내내 가죽 장정 노트에 드로잉과 메모, 스
케치, 낙서를 하며 주로 시간을 보냈다. 그가 런던에서 늘 들고 다
니던 이 노트들은 모두 일기장처럼 자그마한 금속 걸쇠로 굳게 잠
겨 있었다.

당시 다윈은 그레이트 말버러가街에 있는 집에 세 들어 살고
있었고, 멀지 않은 곳에는 아테네움 클럽이 있었다. 이 클럽은 떠
오르는 작가와 과학자가 모여들어 신고전주의 양식 조각상에 둘
러싸인 채 조곤조곤 위대한 사상을 나누는 곳이었다. 다윈은 막

클럽의 멤버로 선정된 참이었다. 다윈과 함께 들어온 새 멤버 중에는 찰스 디킨스Charles Dickens도 있었다. 두 사람이 분명 만난 적이 있을 것 같긴 한데(디킨스와 다윈 둘 다 이름이 찰스이기도 하고) 여태껏 알아본 바로 둘이 만났다는 기록은 없다. 그렇다 해도 두 사람이 정부의 행태나 클럽의 음식을 두고 탄식하며 대화를 나누는 모습을 상상하면 기분이 좋아진다.

20년간 봉인된 세기의 발견

그때 다윈은 고작 스물여덟 살이었고 거의 5년에 걸쳐 이어진 세계 일주에서 방금 돌아온 참이었다. 비글호를 타고 떠난 이 항해로 다윈은 떠오르는 유명 인사가 되었다. 집필 계약을 했고 박물학자로서 유명세를 키워갔다. 게다가 똑똑하고 조건 좋은 신랑감이기도 했던지라 일일이 참석하지 못할 정도로 수많은 만찬에 초대를 받았다. 그 와중에도 다윈은 이 긴 여정에서 자신이 관찰한 내용을 이해하려고 애쓰느라 바빴다. 그가 오랜 시간 답을 알아내려 했던 미스터리는 다음과 같다. 에콰도르 서쪽 해안에서 1,000킬로미터 떨어져 있는 갈라파고스 군도에서 다윈은 다양한 종의 흉내지빠귀를 발견했는데, 각 섬에 각각 한 가지 종만 서식하고 있었다. 군도 전체에는 여러 종이 서식하는데 왜 한 섬에는 부리가 날카로운 새만, 또 한 섬에는 부리가 뭉뚝한 새만 서식하는 걸까? 여러 박물학자가 각 섬마다 조금씩 생김새가 다른 이구아나와 거북을 발견한 이유는 뭘까?

이게 바로 다윈이 드로잉과 짧은 메모, 다른 박물학자와 나눈 대화 내용과 함께 가죽 장정 노트에 적어놓은 질문이었다. 다윈은 이 질문에 대한 답을 대강 그려나가기 시작했다.

"모든 종은 변화한다." 1838년 여름, 다윈은 노트에 이렇게 적었다. 세 어절로 된, 단순하지만 충격적일 정도로 놀라운 문장이다. 점차 다윈은 우리가 아는 생물의 범주가 신성한 계획의 만고불변한 표현이 아니라 끊임없는 변이의 결과라고 확신하게 되었다. 9월경 다윈은 이러한 변화 뒤에 있는 메커니즘, 즉 유기체가 서식하는 환경이 우연히 발생한 특정 돌연변이는 선호하는 반면 다른 돌연변이는 절멸시키는 방식을 노트에 설명해놓았다. 그리고 이 도태 과정에 자연선택이라는 이름을 붙였다.

세상을 바꾸고 종교적 믿음을 산산조각 낼 발견이었다. 하지만 이 발견이 세상에 알려진 건 그로부터 20년이 흐른 뒤였다. 다윈이 지성사상 가장 위대한 진전 중 하나를 이뤄놓고 이상한 행동을 보였기 때문이다. 다윈은 이 문제에서 손을 뗐다. 자신의 발상을 출간할 방법을 전혀 알아보지 않았다. 과학 학술지에 논문을 보내지도, 대중매체에 글을 싣지도, 책 집필에 착수하지도, 심지어 출판사를 찾아보지도 않았다. 어쨌든 아직은 때가 아니었다. 몇몇 친구에게 이 생각에 관해 이야기하기도 하고, 새 이론을 간략하게 적어둔 다음 "과학상의 상당한 진전"이라고 칭하기도 했지만, 결국은 금속 걸쇠가 달린 노트 안에 가둬두었다. 이 연구는 반드시 자신이 세상을 뜬 다음에 발표하라는 지시를 남긴 채.

"내 사랑 따개비"

이 시기에 다윈이 게을렀다고는 할 수 없다. 이때 다윈은 결혼을 하고 가정을 꾸렸다. 시골에 있는 집으로 이사를 했고, 허리가 아플 정도로 바쁘게 글을 썼다. 그렇게 산호초 및 화산섬에 관한 책과《H.M.S. 비글호 항해의 동물학The Zoology of the Voyage of H.M.S. Beagle》이라고 불리는 다섯 권짜리 전집을 냈다. 그리고 절대로 세상을 바꾸지 못할 주제로 잡지《가드너스 크로니클The Gardeners' Chronicle》에 글을 기고했다. 예를 들면 과일나무 묘목을 키우는 방법이나 우물 두레박에 쇠줄을 달면 좋은 이유 같은 내용이었다. 그리고 1846년부터 1854년까지 그가 강박적일 정도로 매달린 것이 있었으니, 그건 바로 따개비를 해부하고 기술하는 일이었다.

　다윈은 꼬박 몇 년을 따개비에 바쳤다. 그리고 따개비 광신도가 되었다. 누군가는 다윈이 위험할 정도의 따개비 강박에 빠지기 직전이었다고 말할지도 모르겠다. 다윈은 하루 종일 알코올에 담가둔 따개비 표본에 둘러싸여 주문 제작한 따개비용 현미경 위로 등을 굽힌 채 따개비 왕국의 방대한 종류와 미스터리를 이해하고자 애썼다. 따개비들을 "내 사랑 따개비"라고 부르면서 말이다. 한 친구는 다윈이 "온통 따개비 생각뿐이다"라고 말하기도 했다. 다윈이 따개비 연구에 시간을 얼마나 쏟았는지, 다윈의 자녀들은 원래 아빠들이라면 다 이러고 산다고 생각할 정도였다. 한 아이는 어렸을 때 친구 집에 놀러가서 이렇게 물었다고 한다. "그런데 너희 아빠 따개비는 어디 있어?"

다윈은 따개비를 비롯한 이런저런 다른 일로 너무 바쁘게 지낸 탓에 1859년이 되어서야 마침내 《종의 기원》을 출판했다. 20년 전 노트에 처음 그려두었던 이론을 상세히 풀어놓은, 어마어마하게 중요한 책이었다. 시간이 흘러 나이가 들고 이름을 널리 알린 뒤, 다윈은 처음 생각을 떠올리고 그 생각을 책의 형태로 발표할 때까지 그렇게 오랫동안 꾸물거린 것이 스스로도 당혹스럽다고 고백했다. 어떤 이들은 그 기간을 긴 기다림이라고 부르기도 했다.

기나긴 기다림

대체 왜 다윈은 자신이 알아낸 것을 세상에 알리기까지 그토록 오랜 시간을 기다린 걸까? 왜 이 발견이 엄청나게 중대한 과학적 진보가 되리란 걸 알면서도 다른 이들과 나누기를 미뤘던 걸까?

이게 바로 전기 작가와 과학사가를, 더하여 지극히 이성적인 (심지어 다윈처럼 끝내주게 능력 있고 생산적인) 사람의 기이한 행동에 관심을 가진 뭇사람들을 사로잡은 질문이다. 진화론 발표를 미룬 다윈의 행동을 놓고 엄청나게 많은 설명이 쏟아졌다. 우선, 다윈의 연구에는 상당히 커다란 의미가 있었다. 다윈은 자신의 책이 과학에 일대 혁명을 일으키리라는 사실을 그 누구보다도 잘 알고 있었고, 그 여파로 시골에 꾸려놓은 조용한 삶이 흔들릴지도 모른다고 생각했다. 이러한 예상에 다윈이 양가감정을 느꼈던 것도 쉽게 이해할 만하다.

또한 다윈은 독실한 기독교 집안 출신이었다. 자신은 신앙에서 멀어졌지만 여전히 신자의 남편이었으며(다윈의 아내는 남편의 영혼을 염려했다) 독실한 아버지의 충실한 아들이었다. 다윈은 아버지의 마음이 상할까봐 걱정스러웠다. 종의 발생 과정에서 신의 손길을 제거하는 건(이게 바로 다윈의 책이 이룬 업적이다) 가벼운 일이 아닐 터였다.

게다가 다윈은 완벽주의자였다. 다른 훌륭한 과학자들과 마찬가지로 다윈도 꼼꼼하고 철저했다(자신이 관찰할 따개비로 가득 채워 일렬종대로 늘어놓은 저 캐비닛들을 보라). 체계를 중시하는 다윈으로서는, 수십 년 동안 일을 미룬 행동을 자기 인생에서 가장 중요한 업적을 명료하게 이해하고자 했던 과학자의 합당한 책임감으로 정당화했을 수 있다. 그에게는 언제나 진행해야 할 실험과 확인해야 할 내용이 남아 있었다.

심지어 책을 출간했을 때도 다윈은 자신의 획기적인 저서를 "초본"이라 부르길 고집했다. 마치 책의 내용이 미흡하다고 생각할 사람들에게 미리 사과라도 하는 것처럼.

아니면, 혹시 다윈은 애초에 책을 출간하기가 귀찮았던 게 아닐까? 런던에서 25킬로미터가량 떨어진 곳에 자리 잡은 다윈의 집 다운 하우스Down House의 응접실에는 피아노가 있었고, 긴 복도에는 테니스 라켓과 하이킹 부츠, 노트, 그 밖에 영국 시골에서의 삶을 더욱 풍성하게 만들어줄 용품을 전부 넣어둔 벽장이 있었다. 집에는 당구장도, 정원도 있었다. "내 삶은 시계처럼 순조롭게 흘러가고, 나는 이 멋진 삶의 끝을 맺을 곳에 자리를 잡았다네." 다윈이 친구에게 쓴 편지다. 지성사고 자시고, 자신의 일상에 일대 변혁을 일으킬 일에는 전혀 흥미가 없는 사람 같다.

삶이 시계처럼 흘러간다는 말은 사실이었다. 매일 동트기 전 주변 시골을 산책하는 일과로 하루를 시작했고, 점심은 언제나 개와 정원을 한 바퀴 돈 다음에 먹었다. 아침 산책과 점심 사이에, 아마도 가장 중요했을, 다윈이 사랑했던 연구가 있었다. 그리고 거기엔 따개비가 있었다.

'그 일'이 아니라면 무엇이든

사실 다윈이 왜 그리 미적거렸는지를 들여다보기 시작하면, 오히려 그가 《종의 기원》 출간 전까지 얼마나 바빠 지냈는지를 금방 깨닫게 된다. 조용한 시골집에 머물 때조차, 이 어마어마하게 중요한 작업을 미루고 있을 때조차, 그는 절대로 가만있지 못하는 사람이었다. 다윈은 게으름을 정말 싫어했던 것 같다. 그에게 필요한 건 프로젝트, 오직 프로젝트였다. 지렁이든 따개비든 난초든 상관없었다. 다윈은 온 세계가 달려 있는 양 프로젝트에 몰두했다. 비록 세상은 다윈의 따개비에 전혀 관심이 없었지만 말이다. 이후 다윈도 자신의 따개비 연구가 지나쳤을 수 있다는 점을 인정한다. 자서전에서 "따개비 연구가 그렇게 많은 시간을 쏟을 만한 일이었는지 의문이다"라고 고백했으니까. 다윈은 자신이 해야 할 단 하나의 일, 해야 한다는 걸 스스로도 분명히 알고 있었을 그 일, 바로 세상을 바꿀 자연선택에 관한 책의 출판을 제외한 모든 것을 하며 20년을 보냈다. 이런 의미에서 다윈의 자서전은 대체로 낭비한 에너지에 관한 이야기로 이해할 수 있을 것이다.

그렇다면 다윈은 수많은 성과를 낸 과학자였던 동시에 할 일을 미루는 사람이기도 했던 것일까? 그게 가능한가? 이 질문에 답하기 위해서는 일을 미루는 행동이 게으름과는 거의 아무런 상관이 없다는 사실을 이해하는 게 좋을 것이다.

미루기와 게으름을 구별하지 않는 사람도 있다. 알코올중독자 모임Alcoholics Anonymous, AA을 설립한 빌 윌슨Bill Wilson은 한때 미루기procrastination를 "다섯 음절로 표현한 나태함"이라고 부른 바 있다. 윌슨의 주장은 이 단어가 다소 길다는 점에서만 옳았다. 두 개의 라틴어 어근('앞으로'라는 의미의 'pro'와 '내일'이라는 의미의 'cras')이 합쳐진 이 단어는 그 뜻에 걸맞게도 의미 전달에 시간이 좀 걸린다. 하지만 나태에 관해서는 윌슨이 틀렸다. 할 일을 미루는 사람은 자기 일을 회피하는 와중에도 감탄스러울 만큼 바쁘게 지낼 수 있다. 다윈은 새 이론에 관해서는 이상할 정도로 입을 다물었지만 그렇다고 다윈을 태만한 사람이라고 볼 수는 없다. 증거가 필요하다면, 간단하다. 따개비만으로도 충분하지 않을까. 유머 작가인 로버트 벤츨리Robert Benchley는 〈일을 해내는 방법How to Get Things Done〉이라는 에세이에서 미루기의 기본 원칙을 설명하며 진실에 성큼 다가섰다. "누구든 얼마든지 많은 양의 일을 해낼 수 있다. 그 일이 지금 해야만 하는 일이 아니라면."

벤츨리가 말한 기본 원칙은 크나큰 영향력을 떨친 과학자뿐만 아니라 우리 모두에게도 적용된다.

마감이 눈앞에 닥쳐 있을 때 내 아파트는 언제나 최고로 깨끗하고, 내 파일은 가장 꼼꼼하게 정리되어 있고, 냉장고는 썩어가는 음식 없이 말끔히 치워져 있다. 반드시 해야 할 무언가가 있을 때, 나는 바로 그 일만 아니라면 무엇이든 용감무쌍하게 해내겠다고 결심한다.

다윈은 명석하고 성실하며 지칠 줄 몰랐기에 우리의 기억 속에 남았다. 하지만 다윈을 친근하고 인간적인 인물로 만들어주는 건 해야 할 일을 미룬 그의 행동이다. 인간 동기가 지닌 복잡한 마디마디를 되새기게 해주는 사람 아닌가. 우리는 저마다 해야 할 일, 반드시 해야 할 일의 목록을 갖고 있다. 그럼에도 어떻게든 그 일을 하지 않아야 할 이유를 찾아낸다. 이런 면에서 우리 모두는 다윈과 동급이라 할 수 있다.

우리 모두에게는 각자의 따개비가 있다.

변명거리를 위한 참고 문헌을 찾아서

내가 미루기에 관한 책을 써야겠다고 처음 생각한 게 언제였는지는 정확하게 떠오르지 않지만, 그 이후 아주 오랫동안 아무것도 안 했다는 사실은 똑똑히 기억한다.

나 또한 일을 미루는 사람들이 대개 저지르는 실수를 저지른 바 있으니, 주변의 친구들에게 책을 쓰겠다고 말해버린 것이다. 친구들은 나를 지지해줬다. 빨리 그 책을 읽고 싶어서 못 견딜 정도라고도 했다. 친구의 입에서 나올 수 있는 최악의 저주였다. 딴에는 응원을 보낸다는 뜻이었을 텐데, 그런 말이 내가 실제로 집필에 착수할 가능성을 낮출 뿐이라는 점까지는 몰랐던 모양이다. 사실 이 책을 쓰는 일의 가치를 의심한 건 아니었다. 오히려 그와 정반대였지만, 책에 대한 열정이 솟아나면 솟아날수록 글 쓰는 일은 더 어렵고 더 불가능한 일이 되어갔다. 나는 가장 긴급한 일을 가장 끝까지 미룰 수 있는, 그런 사람이다.

그래서 미루기에 관한 책을 쓸 수도 있었던 시간에 LP판을 알파벳순으로 정리했고, 라디에이터에 페인트를 칠했고, 누군가의 개가 숟가락을 보고 짖어대는 유튜브 영상을 보았다. 청소기로 계단을 밀었고, 온라인으로 농구 선수 클라이드 프레이저Clyde Frazier가 신었던 농구화를 주문했다. 할 필요도 없는데 굳이 부엌 바닥을 쓸었다. 냉장고에 남아 있는 치즈를 마지막 한 조각까지 먹어 치웠고, 성공하진 못했지만 물이 새는 수도꼭지를 고쳐보려고도 했다. 심지어 (이건 깊고 어두운 곳에 묻어둔 가장 치욕스러운 고백인데) 스포츠 라디오방송까지 귀 기울여 들었다.

미루기에 관해 책을 쓰겠다고 말하고 다니면 이 비슷한 회피 현상이 얼마나 흔한지를 알게 된다. 사람들은 일을 미루는 자신의 죄악을 고백하며 기뻐한다. 다들 자기가 가장 좋아하는 미루기 기술을 빨리 말해주고 싶어서 안달이다. 모두들 해야 할 일을 미룬다. 조류를 관찰하는 어떤 사람은 자연계에서 자신의 미루는 습관과 유사한 점을 발견했다고 했다. 경쟁 상대를 만났을 때 맞서 싸울지 도망갈지를 망설이는 새들이 있는데, 보통은 결국 맞서 싸우지도, 도망가지도 않는다는 것이다. 그저 부리로 땅을 쪼아댈 뿐이다. 새에게도 삶은, 내키지 않는 바로 그 일이 아닌 다른 할 일을 찾아낼 수 있느냐 없느냐의 문제다.

이 책을 쓸(사실대로 말하자면 안 쓸) 준비를 하면서 나는 미루기를 주제로 한 여러 문헌을 깊이 있게 파고들었다. 그건 내가 부지런한 연구자여서라기보다는, 자료 조사야말로 글쓰기에 있어 우리 모두가 가장 선호하는 미루기의 기술이기 때문이다. 새로 치면 부리로 땅을 쪼는 일과 비슷하달까. 조사를 하면 할수록 같은 숫자가 몇 번이고 등장했다. 우리 중 20퍼센트는 만성적으로 할 일을 미룬다. 미국 대학생의 3분의 1은 자신이 심각할 정도로 일을 미룬다고 고백한다. 노동자는 하루의 노동시간 중 100분을 뭉그적거리며 보낸다. 이 주제에 관해 글을 쓴 연구자 다수가 스스로의 미루는 습관을 털어놓는다는 사실도 알게 되었다. 미루기에 관한 학술 논문에서 반복해서 등장하는 비유 가운데 하나는 연구 결과 작성을 미루는 자신에 대한 혐오다.

하지만 내가 가장 놀란 지점은, 정말로 많은 사람이 미루기 연구에 인생을 바치고 있다는 사실이었다. 일을 미루는 사람이 경제와 공중 보건 및 집단의 정서에 입히는 피해를 진단한 신문 기사가 갈수록 늘고 있다. 학교의 상담 교사와 인생 상담 코치들은 만성적으로 일을 미루는 사람들에게 해결책을 제시한다. 미루는 습관을 버릴 수 있게 도와준다는 인기 자기 계발서로만 책장 전체를 채울 수도 있다. 아마도 미루기의 위대한 역설은 미루기가 활기 넘치는 작은 산업 하나를 낳았다는 점, 그리고 그 산업이 많은 이들을 매우 바쁘게 만든다는 점이 아닐까.

미루기에 관한 책을 쓰겠다는 나의 계획을 잘못 이해한 친구도 있었다. 내가 자기 계발서를 쓸 거라고 생각한 것이다. 뛰어난 성취를 이룬 사람에 대한 일화 몇 개와 함께 그들이 성공할 수 있었던 비결을 요약해서 넣고 최신 사회과학 연구로 주장을 뒷받침한 그런 책 말이다. 이 성공 사례를 따라 하면 당신도 행복해지고, 충만해지고, 또 직업적으로도 성공할 수 있답니다.

하지만 나는 다른 사람에게 뭔가를 하라거나 하지 말라고 설득하는 일에는 정말 아무런 관심이 없었다. 사실 나 자신의 미루는 습관을 버리는 데조차 관심이 없었다. 내 목적은 이 습관을 끝내는 게 아니라 정당화하고 변명하는 것이었다. 역사나 이런저런 학문을 충분히 검토하면 내 미루는 습관에 대한 명분이나 근거를 찾을 수 있을 것 같았다. 그리 건전한 태도가 아니라는 건 안다. 하지만 합리화와 변명이야말로 언제나 내게 가장 잘 맞는 방법이었다. 자기 계발서는 내게 아무런 감동도 주지 않는다. 자기 계발 산업은 성실하게 성취한 업적과 개인의 출세를 부르짖을 뿐이다. 내가 정말로 출세하고 싶었다면 지금쯤 이미 출세했을 것이다. 물론 나는 출세하지 않았다. 아직은 때가 아니다. 그리고 만약 출세했다면 미루기라는 주제에 그리 관심을 갖지도 않았겠지.

마감을 대하는 작가의 자세

특히 어려운 글을 써야 할 때마다 내가 가장 먼저 하는 일이 있다. 일단 화장실에 들어가 타일 사이의 줄눈을 벅벅 닦는다. 티끌 하나 없이 깨끗한 화장실을 원해서도 아니고, 아무 생각 없이 하는 노동이 창의적인 사고를 자극하기 때문도 아니다. 그저 줄눈을 닦고 있는 한 나를 괴롭히는 글쓰기 과제에 손을 대지 않아도 되기 때문이다. 결국 한 인간이 할 수 있는 건 딱 그 정도 아닌가.

정신을 딴 데로 돌리고 싶은 욕구, 셀프 사보타주에 대한 나의 갈증은 유구한 역사를 자랑한다. 가장 생생하게 남아 있는 어린 시절 기억은 주말 내내 할 일을 미루고 난 뒤 일요일 밤에 느끼던 공포다. 아니, 월요일 아침까지 내야 하는 숙제를 단 한 줄도 못 했잖아? 이제는 숙제에 끝이 없다는 걸 안다. 달라지는 건 그저 어느 시점이 되면 더 이상 그걸 숙제라고 부르지 않고, 그걸 하면 누군가가 돈을 준다는 것뿐이다. 공포도 사라지지 않는다. 적어도 나의 경우엔 그렇다.

미루는 행동에는 보통 변명의 여지가 없다고들 한다. 역사와 문학 속에서 할 일을 미루는 이들은 언제나 나약한 인간, 시간을 낭비하는 인간, 업신여겨도 될 만한 인간으로 그려졌다. 우리는 항상 불편한 눈총을 받는다. 심지어 스스로의 굳건한 의지로 일을 미루고 있는 사람조차 자신이 뭔가를 하고 있지 않다는 생각에 마음이 몹시 불편해질 지경이다. 아마도 그래서 딴짓이 종종 "킬링 타임killing time"이라 불리는 것 아닐까. 할 일을 미루는 사람을 살인자로 만들어버리는 무서운 말 말이다.

사실, 미루기에 관해 이야기할 때면 범죄와 위반을 뜻하는 말이 심심찮게 튀어나온다. 18세기 시인인 에드워드 영Edward Young은 미루기를 "시간 도둑"이라고 불렀다.《어느 영국인 아편 중독자의 고백》으로 중독 체험기라는 장르를 개척하고 위반의 전문가라는 입지를 확고하게 다진 19세기의 수필가 토머스 드 퀸시Thomas De Quincey는 미루기를 "가장 끔찍한 죄악"이라 칭했다. 경험에서 우러나온 말이다. 드 퀸시는 일부러 일을 미루는 유형의 사람이었다. 편집자가 내용은 무엇이든 상관없으니 책을 출판하자는 편지를 보내왔을 때조차 드 퀸시는 아예 답장 쓸 생각도 하지 않았다. 돈이 몹시 궁했는데도 말이다.

다윈과 드 퀸시. 둘 다 다작한 작가고, 둘 다 일을 미룬 사람이다. 도대체 글쓰기라는 것의 정체는 무엇인가? 무엇이기에 자꾸 미루게 되는 것인가? 추측건대, 아마 작가만큼 일 미루는 이의 마음을 잘 헤아릴 사람은 없을 것이다. 작가는 가장 최후의 최후의 최후의 순간까지 기다렸다가 작업을 시작하기 위해 자신의 모든 것(커리어와 성공, 어길 수 없는 마감일까지)을 거는 사람이다. 도로시 파커Dorothy Parker는 초고를 내기까지 왜 그리 오래 걸렸냐는 질문에 이렇게 답했다. "다른 사람이 제 연필을 쓰고 있었거든요." 물론 나는 일을 미루지 않는 작가, 특정한 나이에 중요한 업적을 달성하고자, 그러니까 그저 성공한 작가가 아니라 특히 어린 나이에 성공한 작가가 되고자 열심히 글을 쓰는 작가 또한 알고 있다. 하지만 내 마음은 일을 미루는 사람, 대기만성의 표본, 꾸물거리는 사람에게 더 따뜻하게 열려 있다. 게다가 이 책부터가 했어야 할 일을 미루면서 보낸 한 인생의 결과물 아닌가.

이 책은 내가 쓰지 않으면서 평생을 보낸 바로 그 책이다.

"하지만 아직은 아니옵고"

미루기의 역사는 실로 유구하다. 역사의 그 어떤 시점에서건 처리해야 할 일은 항상 있었고, 그 일을 미룬 사람 또한 반드시 찾을 수 있다. 문학과 종교, 경제학, 의학, 전쟁 등 전 역사를 통틀어 미루기라는 테마는 거듭거듭 수면 위로 떠올랐다.

야훼가 내린 명령을 끝까지 따르지 않으려 했던 모세는 분명 일을 미루는 사람이다. 고대 그리스의 시인이었던 헤시오도스Hesiodos는 기원전 8세기의 시집이자 농업기술 입문서이기도 한 《노동과 나날The Works and Days》에서 "네 일을 내일이나 모레로 미루지 말라. 굼뜨게 일하는 자도, 자기 일을 미루는 자도 곳간을 채우지 못한다"라고 경고했다. 키케로Cicero는 라이벌 마르쿠스 안토

니우스Marcus Antonius를 공격하면서, 자신은 특히 전사들의 미루는 습관을 "혐오"한다고 말했다.

신약성서는 언제나 서둘러야 하며 참회처럼 중요한 일을 미루어서는 안 된다는 훈계로 가득하다. 하지만 성인聖人조차도 그 훈계를 따르는 데 애를 먹었다. 성 아우구스티누스Aurelius Augustinus는 신께 순결을 달라고 기도하며 유명한 말을 남겼다. "하지만 아직은 아니옵고."

기독교 전통에서 드러나는 미루기에 대한 반감은 영생을 향한 욕망, 그리고 구원을 너무 오래 미루면 때 이른 죽음이 끼어들어 끝없는 고통의 지옥으로 떨어질 거라는 두려움에서 비롯한다. 천주교를 믿었던 어린 시절 내내 이런 가르침에 절어 있었던 나는 아직도 방충망에 난 구멍을 제때 때우지 않는 건 죽을죄일 수도 있다는 두려움에 몸서리친다.

순결을 구하는 아우구스티누스의 기도에서 특히 마음에 드는 것은, 그 기도가 나에게도 있는 양가감정을 보여준다는 점이다. 일을 미루는 다른 모든 이들과 아우구스티누스처럼 나도 늘 "아직은 아니야"를 입에 달고 산다. 사뮈엘 베케트Samuel Beckett의 희곡 〈막판〉에서 함Hamm은 "다음 생이 있다고 믿어?"라는 질문에 이렇게 답한다. "나는 평생 아직 삶이 오지 않은 것처럼 살았는데."

심지어 그토록 열심히 일을 미루는 사람 자신도 이러한 습관의 유구한 역사를 잘 모르는 경우가 많다. 어떻게 이 환상적인 역사에 무심할 수 있는지 나로서는 도통 이해가 안 간다. 미루기의 길고 긴 역사를 파헤치다보면 정신을 끝없이 다른 데로 돌릴 수 있는데! 말인즉슨 해야만 하는 일을 하지 않을 수 있는 매우 유용한 방법이라는 얘기다. 덤으로 스스로를 멍하게 시간이나 낭비하는 사람이 아니라 뿌리 깊은 전통과 인류 유산의 수호자로 여길 수도 있고 말이다. 미루기의 달인이 되려면 이런 종류의 합리화 능력을 반드시 함양해야 한다.

정교한 합리화를 위한 태도

그렇다면 우리의 문제는 무엇일까? 아리스토텔레스에서 시작해 여러 사상가가 왜 사람들은 스스로도 유익하다 여기는 일을 하지 않는지 궁금해했다. 왜 우리는 현명하게 시간을 분배하여 하고자 한 일을 제시간에 완수하는 데 실패할까? 왜 우리는 이성적으로 삶을 정리하지 못할까?

답은 누구에게 묻느냐에 따라 달라진다. 다양한 분야에서 다양한 방식으로 이 질문에 답하기 때문이다. 심리학자와 경제학자, 성직자, 철학자와 이야기를 나누어보았는데, 모두 저마다 독특한 방식으로 미루기를 이해하고 있었다. 나는 미루기를 신체적, 정신적, 문화적 경험으로 풀이하는 설명을 들었다. 또한 우리 유전자의 표현이나 도덕적 실패인 경우도 있었고, 의지박약이나 불안, 아니면 우울의 증상, 심지어 외부 자극에 지친 인지 체계의 결과로 묘사하는 설명도 있었다.

미루기라는 게 이렇다. 정의하기 어려운 것으로 악명 높기까지 하다. 사전에 따르면, 미루기는 어떤 행동을 지연 또는 연기하는 것을 의미한다. 하지만 우리는 미루기에 '회피'의 태도 또한 스며들어 있음을 안다. 그 행동이 부담스럽기 때문이다. 내가 드릴이 무서워서 치과 진료를 미루거나 어떤 학생이 열 쪽짜리 과제를 마감 전날 밤 9시에 시작하는 것처럼 말이다.

일 미루기를 즐기는 사람, 또는 일을 미루지만 여전히 생산적인 사람도 있다. 심지어 어떤 사람은 일을 미뤄야 생산성이 높아진다거나 마감이 코앞에 닥쳐야 일이 더 잘된다고 주장한다. 하지만 직업적으로 미루기를 연구하는 심리학자들은 대개 미루기에 '단순한 시간 지연' 이상의 의미가 있다고 본다. 미루기는 '상황이 더욱 악화되리라는 걸 알면서도' 일을 지연하는 것을 뜻한다. 그러므로 일을 미룰 합당한 이유가 있다고 생각한다면, 그건 진정한 미루기라고 할 수 없다.

그동안 쭉 일을 미뤄오면서, 또 미루기에 대해 생각하면서(미루기에 대해 생각하는 것과 실제 일을 미루는 건 결국 같은 것일 때가 많다) 나는 어디서나 미루기를 발견할 수 있게 되었다. 4월 15일 밤늦은 시간에 소득 신고서를 끌어안고 낑낑대는 납세자*, 집 뒤쪽 베란

다에 페인트를 칠하겠다고 몇 년째 마음만 먹고 있는 집주인, 다음 검진 일정을 미루는 환자. 모두 다르지만 모두 미루는 사람들이다.

나는 독립노동자다. 작가나 편집자, 코딩 전문가, 그래픽디자 이너 등이 속한 이 족속의 인구를 보자면 미국에만 수천만 명에 이른다. 정도의 차이는 있겠지만 우리에게는 원하는 시간에 원하 는 것을 할 수 있는 자유가 있다. 그렇다면 우리는 무엇을 할까? 해야 할 일이 아니면 무엇이든 한다. 어쩌면 오후에 영화를 보러 갈 수도 있고 지나치게 비싼 아메리카노를 소중히 끌어안은 채 빈 둥거릴 수도 있다. 그래야 한다면 운동도 할 수 있다. 밥벌이의 불 가피함을 조금이라도 더 뒤로 미룰 수만 있다면 무엇이든 한다. 하지만 이처럼 임시직에 속한 사람들은 꾸물거리는 행동에 대해 톡톡히 대가를 치러야 한다. 일을 미루는 다른 많은 사람들과 마 찬가지로 나는 언제나 내가 하지 않은 일, 그러니까 쓰지 않은 책 과 아직 스타트라인 근처에도 못 간 스타트업에 늘 신경을 쏟는 다. 또한 내가 하는 일을 내가 했을 수도 있는 일이나 아직 하지 않은 일과 비교하며 늘상 일종의 실존적 계산을 한다.

미루기가 그토록 비난받는 이유 중 하나는, 그게 누가 되었 든 인솔자가 금지한 길로 사람들을 이끌 수 있기 때문이다. 미루 는 습관은 권위에 도전하며 정해진 일 처리 방식을 위반한다. 일

• 미국의 소득 신고 기한은 4월 15일까지다.

을 미루는 사람들이 언제나 강력한 적에게 끌리는 것도 놀라운 일이 아니다. 교회는 일을 미루면 영혼이 위험에 빠질 수 있다는 사실을 수천 년에 걸쳐 모두에게 주지시켰다. 생산성 강박에 걸린 오늘날 사람들은 이보다 더 끔찍한 가능성을 걱정한다. 바로 재정적인, 혹은 사회적인 루저가 되는 것. 심리학자와 인생 상담 코치, 자기 계발서 작가들은 오직 관리자나 인사부 직원만 좋아할 법한 행동 규범과 성과 기준을 강요한다. 이런 식으로 일터에서나 귀하게 여기는 기업가적 능률이 자기 계발의 토대가 되는 것이다. 생산성은 효과가 좋은 복음이다. 암, 성공한 인간이 되려면 일을 해야지!

미루기의 장점을 모은 리스트를 만들어야 한다면, 이것부터 시작해야겠다. 나는 미루기가 꽤나 많은 이들을 성가시게 하는 게 좋다. 많은 사람이 미루기를 싫어하기에 미루기가 좋다. 버트런드 러셀Bertrand Russell은 1932년에 쓴 에세이 〈게으름에 대한 찬양〉에서 '효율 숭배'를 비판한 바 있다. 시계의 지배에 반항하고 꼼꼼하고 따분한 인간들 사이에서 규칙을 위반한다는 점에서, 나 또한 미루는 사람들을 향해 박수를 보내고 싶다.

하지만 내 입장에서야 이렇게 말하는 것 말고 무슨 수가 있겠는가? 이게 바로 미루는 사람이 하는 행동이다. 정교한 합리화로 미루기를 정당화하는 것. 오랫동안 쭉 일을 미뤄보라. 그러면 이런 변명에 꽤나 노련해질 거다. 우리의 자기기만 능력은 미루기를 연구하기 어렵고, 진단하기 어려우며, 심지어 정의하기 어려운 것으로 만든다. 하지만 미루기에 대해 깊이 고심해보는 건 가치 있는 일이다. 물론 진짜 일을 미룰 수 있는 좋은 전략이라는 건 말할 것도 없고. 미루기에 대해 오랜 시간 생각하다보면 몇 가지 근본적인 질문에 부딪치게 된다. 주어진 시간을 최대한 활용하는 것이 우리의 윤리적 의무일까? 어떻게 하면 개인의 자율성을 타인을 위한 의무와, 또 영원할 것 같은 노동시간의 끝없는 업무와 조화시킬 수 있을까? 그리고 눈앞에 펼쳐진 온갖 정보와 오락거리 가운데 흥미롭게 여길 만한 것과 쓰레기를 어떻게 구별할 수 있을까?

이 질문에 답해야겠다는 이유로 굳이 일을 미루는 사람이 될 필요는 없다. 하지만 일을 미루고 싶다는 강력한 유혹, 미루기의 심리적 효용을 예민하게 느끼는 것은 도움이 된다. 다른 충동과 마찬가지로 미루기는 불안에 휩싸일 수도 있었을 시간에 잠시나마 가짜 통제감을 느끼게 해주기 때문이다. 통제감을 느끼게 해주는 이 충동이 사실은 우리의 진을 빼놓는 일상의 카오스를 한층 악화시킨다는 점은 신경 쓰지 말 것. 일을 미루려면 몇 가지 모순을 받아들일 수 있어야 한다. 나는 미루는 행위를 사랑하고 또 싫어한다. 일을 미루며 죄책감을 느끼는 건 사실이지만, 그렇다고 미루기를 그만두고 싶은 마음은 없다.

더 가치 있는 일

일을 미루는 사람들은 영웅을 원한다. 다른 사람들의 부끄러운 시간 낭비 경험, 그 흥미진진한 영웅담을 듣는 것보다 더 좋은 건 없다. 그가 유명하거나 재주가 뛰어난 사람이면 금상첨화다. 회피와 지체라는 어두운 숲을 통과해 다른 쪽 끝으로 빠져나오는 와중에 무언가를 이뤄내기까지 한 누군가에 대해 알게 되는 것. 그야말로 최고 아닌가. 이런 이야기를 들으면 할 일을 미루는 사람도 "보라니까, 저 사람한텐 먹혔잖아!"라고 말할 수 있다. 나는 이런 이야기의 수집가가 되었다. 덕분에 미루기를 그렇고 그런 시간 낭비나, 지배적 사회질서에 대한 모욕이나, 스스로를 좌절시키는 방법뿐만이 아니라(한꺼번에 세 가지 모두에 해당될 수도 있다) 우리의 선천적 양가감정과 불안에 뿌리를 둔 인간의 기본 충동, 혹은 의무로 가득 찬 일상 세계에서 길을 찾는 방법으로도 이해하게 되었다. 이 이야기들은 당신이 내내 긴가민가했던 점, 즉 우리 가운데 가장 원기왕성하게 결과물을 내놓는 사람도 가끔은 일을 미루는 사람이 될 수 있다는 사실을 보여준다.

왜 아니겠는가? 흔들림 없이 마치 기계처럼 바지런하게 움직이는 건 벌에게나 좋지 사람에게는 그리 좋은 일이 아니다. 세상에 일을 미뤄야 할 이유가 어찌나 많은지, 가끔은 내가 일을 미루기를 온 우주가 열렬히 바라고 있는 게 분명하다는 생각마저 들지 않는가.

한낮에 볼일 하나를 처리하는 20분 동안 주머니와 가방에서는 갖가지 기기가 땡땡거리고 웅웅대며 나를 부른다. 즉시 처리해야 할 급한 메시지가 있나 확인하려고 핸드폰, 태블릿, 시계를 들여다본다. 그런 행동 때문에 볼일에 집중할 수가 없다. 게다가 그 볼일이라는 것도 내가 원래 해야만 하는 다른 일을 하지 못하게 방해한다. 그렇다면 그 원래 해야 하는 일이라는 것 또한 훨씬 더 중요한 다른 일을 하지 못하게 방해하는 게 아니라고 할 수 있나? 자꾸만 미끄러지는 성과라는 언덕을 매일 힘들게 기어오르는 것 또한 개인적이고 사회적인 관점에서 보면 하나의 가련한 망상이 아닐까? 나는 그렇다고 생각한다. 일하기 싫은 날엔 특히 더.

볼일을 마치고 집으로 돌아오면 긴 산책을 한다. 구글맵의 위성을 이용해 뉴질랜드 남섬을 오르내리는 가상의 산책이다. 휴식이 필요하면 대략 150킬로미터마다 한 번씩 멈춰서 근처에 보이는 펍이나 카페를 확대한 다음 위대한 구글이 허락한 공간을 거닐어본다. 정말 놀랍다. 오후 한나절 동안 얼마나 먼 곳까지 갈 수 있는지. 그리고 오후는 얼마나 순식간에 사라져버리는지.

다윈은 지리 정보를 디지털로 시각화하는 기술을 누리지 못했다. 나는 그가 매일 했던 산책이 어땠을지 궁금하다. 다윈은 켄트에 있는 정원 주위로 300미터가량 이어지는 자갈길을 깔았다. 가장자리에는 쥐똥나무와 개암나무, 호랑가시나무가 늘어서 있었다. 다윈은 폭스테리어 한두 마리를 데리고 매일 그 길을 산책했다. 다윈이 깊은 생각에 빠지기 위해 찾던 곳이었다. 하지만 그곳에서 생각이라는 걸 얼마나 할 수 있었을지는 의문이다. 발치에는 개들이 돌아다니고, 아이들은 이리저리 뛰어다니며, 초원과 완만한 구릉 위로 멋진 경치가 펼쳐졌을 테니 말이다. 다윈의 자녀들은 길을 따라 이어진 숲에서 카우보이나 인디언 놀이를 즐기는가 하면, 다윈이 산책길을 한 바퀴 돌 때마다 표지 삼아 쌓아둔 돌을 몰래 숨겨서 아빠를 놀려먹곤 했다. 아이들의 짓궂은 장난 때문에 다윈이 히스로 공항에서 착륙 허가를 기다리는 비행기인 양 몇 시간이나 더 정원을 돌았는지는 신만이 알 것이다. 다윈이 책을 출간한 건 기적이다.

다윈은 스스로 "극도의 고요함과 소박함"이라고 표현한 다운하우스의 풍경을 사랑했다. 평생 즐겨왔던 숲속 산책을 그곳에서도 마음껏 즐겼다. 하지만 성장 일로에 있던 영국의 철도 시스템과 1페니 우편제도* 덕분에 런던의 업무를 지속하는 것도 가능했다. 가끔 다윈에게는 그 거리가 너무나도 가깝게 느껴졌다. 쏟아지는 이메일에 파묻혀본 사람이라면, 집배원이 매일 집으로 가져다주는 편지의 쓰나미에 다윈이 보였던 태도가 낯설지 않으리라. 다윈은 편지에 전적으로 의존했고, 그만큼 편지에 마음 깊이 분노

---

* 수신자가 거리에 따라 요금을 내던 기존 우편제도를 변경하여 거리와 무게에 상관없이 송신자가 1페니를 부담하게끔 한 제도.

했다. 집배원이 편지를 가져오지 않는 날, 그래서 답장을 할 필요가 없는 날이면, 다윈은 잠시라도 혼자 남겨질 수 있어 정말로 감사하다는 일기를 썼다.

숲이 우거진 골짜기를 홀로 걷는 것은 세상과 세상이 요구하는 일을 미루는 다윈만의 방식이었다. 어렸을 적 다윈은 아버지에게 성직자나 의사 같은 제대로 된 진로를 선택하라는 압력을 받았지만 그중 어느 것도 고르지 않았다. 그에겐 유예기간이 필요했다. 아버지에게 "생각할 시간"을 달라고 한 다윈은 영국 상류층이 즐기던 야외 스포츠(아버지가 "총 쏘기, 개 돌보기, 쥐잡기"라고 조롱한 취미계의 삼총사)를 섭렵하는 데 전력을 다했다. 케임브리지에서는 "스포츠를 좋아하는 청년들"과 어울렸고, 그들과 함께 사냥을 하고 말을 타고 술을 마셨으며 "목청껏 노래를 불렀다". 다윈에게 직업적 야망이라는 건 자고새 사냥 시즌의 첫날을 포기할 만큼 가치 있어 보이지 않았다.

삶의 중요한 결정을 놓고 머뭇거리는 사람은 절대로 세상에서 사랑받지 못한다. 다윈의 아버지는 집안의 수치가 될 작정이냐며 다윈을 꾸짖었다. 그가 보여준 망설임의 어디까지가 명백한 고집이요 세상의 명령에 굴복하지 않겠다는 완강한 결심인지 궁금증이 떠오르지 않을 수 없는 대목이다. 미루기에 미덕이 있다면, 그건 분명 우리가 지금 하고 있는 일을 왜 하고 있는지(또는 우리가 안 하고 있는 일을 왜 안 하고 있는지) 생각하게 만든다는 점일 것이다.

해야만 하는 일을 미루는 건 세상이 내게 바라는 일이 정말 할 만한 가치가 있는 일인지 의심하고 있기 때문인 경우가 많다. 어쩌면 다윈도 이와 비슷한 고민을 하고 있었던 것 아닐까.

다윈은 '과학적인 인간'이자 선장의 동지로서 비글호에 함께 타달라는 제안을 받은 뒤에야 자신에게 중요한 일을 찾을 수 있었다. 위대한 인물이 된 말년의 다윈은 자기 앞에 놓인 다양한 삶의 가능성을 계속해서 미뤄둔 채 보내던 시기를 돌아보았다. 또한 케임브리지의 잘나신 상류 스포츠광과 어울렸던 그 모든 시간에 대해서도 다시 생각해본 다음, "그렇게 보냈던 낮과 밤들을 부끄러워해야 한다는 걸 안다"라고 인정했다. 그렇다고 실제로 부끄러워한 건 아니지만. 사실 그는 무엇을 할지 고민하며 보낸 시간들이 대체로 나쁘지 않았다고, 스포츠를 즐기는 청년들과 목청껏 노래를 불렀던 날들도 그럭저럭 괜찮았다고 생각했다.

긴 생각에 잠겨 있던 다윈은, 결국 다시 돌아가도 달라지는 건 없을 거라고 말했다.

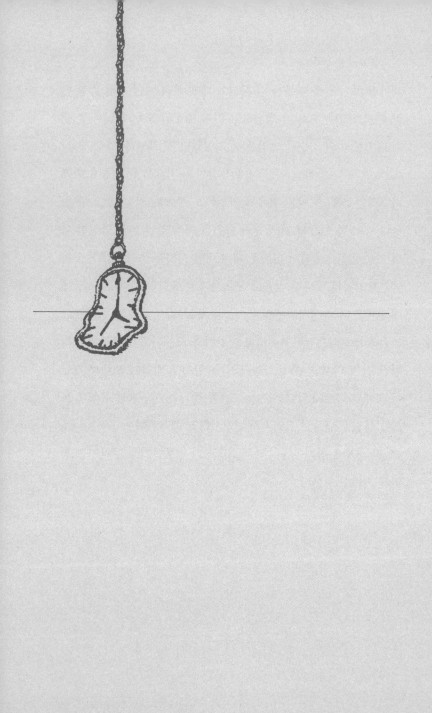

Soon

2장

적절한 기분이 될 때까지

미루기와의 심리전

오늘 현명할 것, 미루는 건 미친 짓이다
다음 날이면 돌이킬 수 없는 전례가 다시금 찾아올지니,
그렇게 지혜는 삶에서 빠져나간다
미루는 건 시간을 도둑맞는 짓이다.

– 에드워드 영, 《삶과 죽음, 불멸에 관한 불평 또는 밤의 상념The Complaint, or
Night Thoughts on Life, Death, and Immortality》

심리학이 미루기와의 전쟁을 선포한 건 1933년 여름이라고 할 수
있다. 때는 앨버트 엘리스Albert Ellis라는 한 외로운 열아홉 살 소년
이 뉴욕 식물원에서 여자와 대화를 나눠보겠다고 끈질기게 노력
하던 시절.

엘리스는 20세기에 지대한 영향력을 떨친 심리학자 가운데 하
나다. 하지만 그런 그도 1933년에는 여자에게 말 거는 것을 극도
로 두려워했던 무명의 경영학과 학생일 뿐이었다. 당시 엘리스는
식물원에서 멀지 않은 브롱크스에서 부모님과 함께 살고 있었는
데, 습관처럼 식물원 의자에 앉아 간절히 바라곤 했다. 장미꽃 사
이를 거니는 여자에게 말을 걸 만한 배짱이 내게 있었으면. 식물
원에서 본 여자들과 인사하고, 데이트하고, 가능하면 결혼까지 할

수 있다면 얼마나 좋을까?

그로부터 반세기도 더 지난 뒤, 엘리스는 한 학회에서 논문을 발표하며 이렇게 말했다. "하지만 지금이 말을 걸 타이밍이라고 아무리 되뇌어도, 곧 포기하고 뒤돌아 나오며 저의 지독한 비겁함을 저주했지요."

커다란 고민에 휩싸인 엘리스는 본인이 "숙제"라고 이름 붙인 것을 고안해냈다. 7월 한 달 동안, 비가 오지 않는 한 매일 식물원에 가서, 의자에 앉아 있는 여성이 보이면 그 즉시 옆에 앉아 1분 안에 말을 걸기로 결심한 것이다. 스스로에게 그 어떤 변명과 회피, 재량도 허용하지 않을 터였다.

엘리스는 말했다. "말 걸기를 미룰 시간, 곰곰이 생각함으로써 걱정을 만들어낼 시간을 아예 나에게 주지 않았습니다."

그리고 정말 그렇게 했다. 그렇게 엘리스는 그해 여름 식물원에서 130명의 여성과 대화를 나누었다(거나 나눠보려고 노력했다). 그중 서른 명은 곧바로 자리를 떴지만, 그는 무려 100명의 여성과 대화를 나누는 데 성공했다. 놀랍게도 한 명은 데이트 신청에 실제로 응하기까지 했다. 비록 약속 장소에 나타나진 않았지만. 그렇지만 엘리스는 이 실험이 성공했다고 판단했다. 그는 자신을 무력하게 만드는 바로 그 문제(여자에게 말 걸기)에 정면으로 맞섬으로써 불안을 극복할 수 있다는 사실을 배웠다. 이 경험은 엘리스의 삶을 바꾸었고, 엘리스는 후에 이 실험이 "어떤 측면에서 심리 치료의 역사를 바꾸었다"라고 말하기도 했다.

심리 치료 역사의 영웅

엘리스는 1913년 피츠버그에서 태어났다. 아버지는 차갑고 무심한 사람으로 출장 때문에 집을 비우는 일이 잦았고, 어머니는 엘리스의 표현에 따르면 "절대 다른 사람 얘기를 듣지 않는 부산한 수다쟁이"였다. 엘리스는 부모님의 무관심으로 생긴 공백을 채우기 위해 직접 어린 두 동생을 돌봤고, 아침이면 동생들 옷을 입히려고 직접 돈을 모아 마련한 자명종의 도움을 받아 일찍 잠자리에서 일어났다고 회상했다. 엘리스가 가진 스스로의 이미지는 영웅 그 자체였다.

엘리스는 1934년 뉴욕 시립 대학에서 경영학 학사를 마쳤지만, 소설을 출판하려던 몇 번의 시도가 실패로 돌아간 뒤 1947년에 컬럼비아 대학 교육대학원에서 임상심리학 박사 학위를 받았다. 그러고는 당시 기준으로 극히 평범하게 심리학자로서의 커리어를 시작했다. 그는 전통적인 정신분석 방식으로 수련을 했는데, 그 방식이란 소파에 누운 분석 대상자가 자신의 꿈과 판타지에 대해 말하는 내용을 듣고 환자에게 머릿속에 떠오르는 생각을 자유롭게 말하라고 하면서 그 비이성적 행동의 무의식적 뿌리에 가닿기 위해 애쓰는 것이었다. 하지만 엘리스는 자신이 환자에게 아무런 성과도 내놓지 못한다는 사실에 점점 더 절망에 빠졌다. 아니, 그보다는 어쩌면 그의 체질상 길고 긴 상담 시간이 잘 맞지 않았던 것일지도 모른다. 그래서 엘리스는 더욱 역동적이면서도, 윌리엄 너스William Knaus와 함께 출간한 책《미루는 습관 극복하기 Overcoming Procrastination》의 서문에 쓴 것처럼 "그저 기적을 기다리는 게 아니라 문제 해결을 위해 매우 적극적으로 접근"하는 치료법을 설파하기 시작했다. 엘리스가 여자에게 말 거는 것에 대한 두려움을 없애려고 사용했던 바로 그 접근 방식이 이 치료법의 토대가 되었다. 그가 직접 '합리적 정서 행동 치료rational emotive behavior therapy'라고 이름 붙인 이 방식은 자멸적 행동을 유발하는 비합리적 믿음을 치료한다.

1950년대 후반, 엘리스는 이 치료법을 다른 상담가들에게 전수하기 시작했다. 타이밍이 좋았다. 세계는 프로이트의 대안을 받아들일 준비를 거의 마친 상태였다. 이어진 수십 년 동안 정신분석이라는 분야가 얼마나 의혹의 눈총을 받고 그 설 자리를 잃었냐면, 노벨상 수상자인 동물학자 피터 메더워Peter Medawar가 정신분석을 가리켜 "20세기의 가장 거대하고 지능적인 신용 사기"라고 칭했을 때 많은 이들이 공감할 정도였다.

언제나 직설적이었던 엘리스는 "프로이트는 헛소리꾼"이라는 말을 즐겨 했다. 그 자신이 소파에 누운 환자에게 말을 시키는 치료법으로 어떤 효과도 보질 못했으니 그럴 만도 하다. 엘리스의 처방은 간단했다. "끔찍한 과거는 잊고" 행동에 나서라. 엘리스는 신경증을 "투정을 고급스럽게 표현한 말"이라고 했다. 그에 따르면 어린 시절의 트라우마를 파헤치고 싶어 하는 사람들은 "다 큰 아기"였다.

엘리스의 영향력이 점점 커지면서 추종자들은 열광적으로 엘리스의 자기 계발 과제를 따랐다. 좋은 일인지 아닌지는 모르겠지만, 몇몇은 심리적 문제를 해결하려고(어쩌면 데이트도 좀 해보려고) 엘리스의 식물원 연습을 재현하며 아무것도 모르는 여자들 앞에 불쑥불쑥 얼굴을 들이밀기도 했다. 수작 부리기 방법론에 대해서는 이쯤 해두고, 엘리스가 남긴 유산 가운데 가장 끈질기게 남아 있는 것을 들자면 아마도 심리학의 실습 과정에 주입된 '긴급함'과 '행동'이라는 요소일 것이다. 열아홉 살 때 "곰곰이 생각함으로써 걱정을 만들어낼 시간"을 스스로에게 주지 않는 방법으로 수줍음을 치료했듯이, 엘리스는 커리어를 쌓는 내내 말보다는 행동을, 사색보다는 노력을 처방하는 강건하고 현실적인 정력가의 이미지를 다졌다.

이 같은 엘리스의 접근법은 오늘날 널리 실시되는 심리 치료법인 인지 행동 치료cognitive behavioral therapy, CBT의 선조 중 하나다. 만일 여러분이 지난 십여 년간 불면증, 우울증, 불안, 약물 남용, 관계에서의 문제 및 그 밖의 온갖 심리적 문제로 도움을 구한 적이 한 번이라도 있다면, 아마 이 인지 행동 치료를 통해 상태가 호전되었을 가능성이 높다. 이 치료의 목적은 건강하지 않은 행동과 자기 파괴적인 감정을 일으키는 비생산적 사고 습관을 파악한 뒤 제거하는 것이다. 엘리스와 에런 벡Aaron Beck 같은 이들이 개척한 인지 치료가 왜 그렇게 큰 인기를 끌었는지 이해하기란 어렵지 않다. 비싸고, 불가사의한 방법론을 쓰며, 끝없이 말만 늘어놓아야 할 것 같은 전통적인 심리 치료에 비하면 이편이 더 싸고, 효과가 빠르며, 덜 지적인 대안이니 말이다. 옛날 방식은 어린 시절과 꿈, 말하지 못한 욕망에 대해 수년간 대화를 나눠야 했지만 새 치료법은 연습 문제 풀이와 치밀하게 구성된 심리학자와의 면담만으로도 좋은 결과를 약속했다.

인지 행동 치료 전문가들은 이 치료가 "문제 해결 지향적"이라고 말한다. 실제로 인지 행동 치료 연습 문제에서 볼 수 있는 그 모든 목록과 표, 자가 테스트, 질문에는 어딘가 기운차고 효율적인 면이 있다. 특히나 경영학 전공자들에게라면 확실히 먹힐 만한 치료법이다.

미루는 습관과의 전쟁

미루기에 관한 문헌을 파고들다보면 폴 링엔바흐Paul Ringenbach의 책《미루기의 역사Procrastination Through the Ages: A Definitive History》에 관한 언급을 발견하게 된다. 하지만 실제로 이 책을 찾아내려면 고생 좀 하게 될 것이다. 존재하지 않는 책이니까. 링엔바흐의 이 가짜 책 제목은 출판계에 떠도는 농담이자 거짓말인 셈이다. 꾸물거리는 작가는 절대로 미루기의 역사를 다룬 책을 완성할 수 없을 테니까.

그런데《미루는 습관 극복하기》에서 엘리스와 너스는 마치 링엔바흐의 존재하지도 않는 이 책을 꼼꼼하게 살펴보기라도 한 것처럼 한마디로 일축해버린다. "흥미로운 연구지만, 문제 해결에는 별 도움이 안 된다." 가짜 참고 문헌 문제는 차치하더라도, 어쨌거나《미루는 습관 극복하기》이전까지 '문제 해결'에 관한 책이 거의 없었다는 엘리스와 너스의 주장은 옳았다. 그리고 이《미루는 습관 극복하기》를 필두로, 미루는 습관에 전쟁을 선포하고 이 습관을 뿌리 뽑을 전략을 내놓는 책들이 쏟아져 나왔다.

《미루는 습관 극복하기》는 아직도 정정하게 살아서 영향력을 떨치고 있지만, 그렇다고 썩 멋지게 나이 든 모습은 아니다. 사실이 책은 1970년대 대중심리학 클리셰 모음집에 들어갈 법한 용어로 가득하다. 예를 들어 두 저자가 "자아 저하self-downing"라는 말로 어떤 의미를 전달하려 했는지는 알 수 없으나, 이 단어는 과거의 한때를 떠올리게 한다. 게다가 두 저자는 뭔가 강조하고 싶을 때 한 글자 한 글자씩 따로 쓰는, 정말 기이하고도 사람 기운을 빼놓는 습관이 있었다. 예를 들면 이런 식이다. "인생이라는 말은 고-난이라고 쓰는 게 더 나을 것이다." 아니면 이렇게. "변화하고 싶다면, 더 장기적인 쾌락주의적 관점을 개발하기 위해 매우 열심히 노력해야 한다. 그렇다, 노-력-하-라!"

《미루는 습관 극복하기》에서 엘리스는 여자에게 말 거는 두려움을 극복하려고 스스로에게 부여했던 것과 비슷한 숙제를 낸다. 일을 미룰 때마다 무언가 하기 싫은 일(책에서 든 예시로는 큐클럭스 클랜KKK에 50달러 기부하기가 있다)을 하기로 다짐함으로써 스스로를 벌하거나, 일을 미루지 않을 때마다 자신에게 보상을 주는 시스템을 개발하여 그동안 미뤄왔던 일을 "자동적으로" 하게끔 스스로를 훈련시키라는 것이다. 이러한 전략을 포함하여 이와 유사한 여러 다른 전략은 책 출간 이후 수십 년간 등장한 미루기에 대한 심리·경제학적 문헌에 꾸준히 모습을 드러낸다.

《미루는 습관 극복하기》와 그 후계자격인 책들은 마치 물류 문제를 다루듯 미루기를 체계적으로 공략한다. 그런 체계적인 프로그램에는 어딘가 매력적이고 저항할 수 없는 구석이 있다. 자아 실현의 꿈을 꿔보지 않은 사람이 어디 있겠는가? 마음을 다잡고, 일에 착수하고, 목표를 설정하고, 윗몸일으키기를 하자고 맹세해보지 않은 사람이 어디 있겠는가? 우리 대부분은 자기만의 작은 도서관에 자기 계발서를 채웠다가 버리기를 반복한다.

스스로를 계발하고자 하는 충동은 일을 미루고 싶은 욕망만큼이나 자연스럽다. 둘은 쌍둥이다. 하지만 내 문제는 인지 행동 치료의 연습 문제와 자가 테스트, 직접 빈칸을 채워야 하는 목록, 목표 설정에서 드러나는 시스템 그 자체가 싫다는 데 있다.

먼저 연습 문제부터 짚고 넘어가자. 도대체 어떤 어른이 연습 문제집을 풀고 싶어 하겠는가? 초등학교 4학년 발음 공부 책에서 느꼈던 수모를 다시 겪는 기분일 텐데. 연습 문제집은 아직 사춘기가 오지 않은 아이들이나 푸는 것 아닌가. 연필을 들고 절취선이 있는 공책 맨 위에 볼품없는 필체로 이름을 쓰는 아이들 말이다. 다들 뚜껑과 의자가 달린 책상 위에 문제집을 올려놓고 고개를 푹 숙인 채 있다가 필요할 때면 선생님의 시선을 피해 재빨리 책상 뚜껑을 올리던 시절을 보냈겠지. 하지만 어느 나이대가 지나면(그러니까, 열두 살 정도?) 더 이상 연습 문제집을 풀라는 소리를 들어서는 안 된다.

더욱 중요한 문제는, 자기 계발서에 등장하는 그 수많은 체계가 삶을 엉망진창으로 만드는 요소, 그러니까 그 애매모호함과 사색, 실현되지 않은 욕망 같은 것에 아무런 도움이 되지 않는다는 사실이다.

엘리스에게 미루기는 실패이자 바람직한 규범으로부터의 일탈이었다. 영웅이라는 자아 이미지를 가진 사람에게 미루기는 용납할 수 없는 행위이자 "지독한 비겁함"이었다. 엘리스가 개발에 참여한 인지 행동 치료는 원치 않는 행동을 낳는 신념과 사고 패턴을 공략하는 방법으로 그 행동을 없애려 한다. 패닉에 빠진 비행기 탑승객, 두려움으로 얼어붙은 연설자, 말을 듣지 않는 미루기의 거장은 다음과 같은 질문을 받는다. 당신의 사고방식이 옳다는 증거가 뭔가요? 보다 건강한 사고방식이 있을 수도 있지 않을까요? 상식적인 말이다. 하지만 일을 미루는 사람이나 패닉에 빠진 탑승객은 아마 이렇게 답할 것이다. 제 비합리적인 사고 패턴은 대개 상식이 쉽게 뚫고 들어가지 못하는 아주 깊은 곳에 묻혀있답니다.

불안으로부터 나를 보호하는 방식

돌이켜보면 나와 미루기의 연애담을 털어놓기 위해 조 페라리Joe Ferrari를 찾아간 건 처음부터 실수요, 고난의 연속이었다. 마치 하루에 담배를 두 갑씩 더 피우겠다는 계획을 상담하기 위해 가족 주치의와 약속을 잡는 것이나 다름없는 짓이었달까.

시카고 드폴 대학의 교수 페라리는 미루기에 대해서라면 세상에서 가장 생산적인 다작 작가이자 연구원이다. 미루기에 관한 참고 도서 목록을 보면 그의 이름이 거듭 등장하는 걸 볼 수 있다. 페라리, J.

페라리는 내가 미루기에 관해 글을 쓰겠다고 결심하고서 가장 먼저 연락을 취한 사람 중 하나였다. 미루는 습관의 극복 방법을 알려주는 페라리의 지침서를 읽은 터였고, 또 그를 만나면 미루기를 그렇게 전문적으로 연구하게 된 이유도 들을 수 있을 거라고 생각했다. 페라리는 뉴욕에 방문할 일이 있을 때 나를 만나겠다고 했고, 나는 내 낡은 토요타 코롤라 자동차로 라구아디아 공항에 마중을 나가서 어디든 당신이 원하는 곳으로 데려가주겠다고 했다. 공항에서 만난 페라리는 옆구리에 막스 앙가마르Max Engammare의 저서《근대 초기 칼뱅주의에서의 시간과 시간 엄수, 자기 수양에 대하여On Time, Punctuality, and Discipline in Early Modern Calvinism》를 끼고 있다가 빼내 내게 선물로 주었다. 책을 받으며, 내가 도착 시간에 몇 분 늦었다는 걸 그가 눈치챈 걸까 궁금해졌다.

우리의 계획은 두 개의 공동묘지와 브루클린-퀸스 고속화도로 사이에 끼어 있는 우드사이드라는 자그마한 동네에 가서 저녁 식사를 하는 거였다. 이 지역 사람이 아닌데도 페라리가 나보다 더 길을 잘 아는 것 같아서 나는 그의 지시에 따랐다. 여기서 꺾어라, 저기서 차선을 바꿔라, 이만큼 더 가라. 이렇게 퀸스의 길을 안내하는 사이사이, 페라리는 미루는 사람에 관한 방대한 지식을 내게 나누어주었다.

"저는 일을 미루는 사람들을 프록proc*이라고 부르죠." 그가 길

• '일을 미루다'라는 뜻의 단어 procrastinate를 줄인 말.

을 알려주다 말고 말했다. "상당히 똑똑한 사람인 경우가 많습니다. 사실 똑똑해야만 해요. 그럴듯한 변명을 계속 생각해내야 하거든요."

페라리는 너무 자주, 또 너무 오랫동안 미루기에 대해 글을 쓰고 말을 하고 가르쳐왔기에 자연스럽게 이 분야에 대해 주인 의식을 갖게 되었다. 나는 페라리가 마음에 들었고 이 주제를 향한 그의 열정에 감탄했지만, 이 첫 번째 만남에서 왠지 그가 다른 사람의(특히 나의) 미루는 행동을 자기 자신에 대한 모욕으로 여긴다는 느낌을 받았다.

페라리가 미루기에 흥미를 갖게 된 건 1980년대에 뉴욕 애들피 대학 대학원에서 심리학을 공부할 때였다. 수업 시간에 자멸적 행동을 주제로 토론을 하던 중, 페라리는 교수에게 자기 불구화* 전략으로서 미루기를 연구한 사람이 있느냐고 물었다. 교수는 페라리에게 직접 도서관에 가서 찾아보라고 했다. 도서관에 간 그는 깜짝 놀랐다.

"단 한 권도 없더군요." 페라리가 말했다. "찾은 거라곤 작가의 장벽**에 관한 것뿐이었어요." 이 분야를 독차지할 수 있겠다는 생각에 페라리는 미루기와 자기 불구화를 연구 분야로 삼았다. 그의 설명에 따르면 자기 불구화는 사람들이 스스로를 주저앉히는 방

---

* self-handicapping. 실패의 구실을 만들기 위해, 최선을 다하지 않는 행위를 말함.
** writer's block. 작가가 더 이상 글을 쓰지 못하는 상태.

식을 뜻한다. 당장 해야 하는 일이 뭐든 간에 그 일에 실패하는 게 두려워서일 수도 있고 성공하는 게 두려워서일 수도 있다. 자기 불구화 전략으로서 일을 미루는 사람은 일이 자기 능력을 벗어난 것이라고 생각하기 때문에 일을 미룬다. 이들은 그저 두려움 때문에 마비되어 있는 게 아니다. 미루는 행동이 이들을 실패로부터 보호해주고 있는 것이다. 만약 실패한다면 그건 열심히 달려들지 않았기 때문이고, 최후의 최후의 최후의 순간까지 기다렸기 때문이고, '될 대로 되라'라고 여겼기 때문이다. 미루는 행동은 이들에게 실패의 원인인 동시에 실패에 대한 변명이 된다.

"미루기는 불안으로부터 스스로를 보호하는 한 가지 방법입니다." 페라리가 말했다. "만성적으로 일을 미루는 사람은 다른 사람들에게 무능한 인간으로 여겨지기보다 노력을 안 하는 인간으로 여겨지길 바라지요."

'프록'은 연구할 가치가 있는 주제로 밝혀졌다. 하지만 페라리도 학회에서 첫 논문을 발표할 때는 미루기가 늘 진지한 연구 주제로 받아들여지지는 않는다는 사실을 깨닫고 실망했다. 그는 자신이 선택한 주제에 관한 썰렁한 농담들을 반복해서 듣고 또 들어야 했다. 한 학회에서는 주최자가 페라리에게 제일 마지막까지 기다렸다가 발표해야 할 거라면서 이렇게 말했다. "그렇잖아요, 주제가 주제이니만큼." 심지어 나와 만난 날만 해도, 페라리는 방금까지 같이 있던 사람(그러니까 미국을 횡단하는 비행기의 옆자리에 앉아 있던 사람)에게 자신이 미루기를 연구하고 있다고 속 편히 말할 수 없었다. 농담이나 수수께끼 같은 걸 듣기 싫었던 것이다("미루는 사람에 관한 농담 있는데 알아요? 나중에 말해줄게요…"). 페라리는 라디오에서 형편없는 인생 상담 코치들이 미루는 행동을 두고 늘어 놓는 농담을 무척 불만스러워했다. 그에겐 그 농담이 전혀 재미있지 않았다.

"그건 웃기지도 않고, 아무 도움도 안 됩니다." 페라리가 말했다. "내게 쏟아지는 이메일들을 봐야 해요. 미루는 습관 때문에 사람들이 실제로 고통받고 있다고요. 미루는 행동은 실질적인 피해를 낳습니다."

페라리는 미루기 연구를 존중받는, 또 존중받을 만한 연구 분야로 만들기 위해 사반세기 이상 노력했고, 미루기 연구가 하나의 하위 학문으로 자리 잡을 만큼 성숙해지는 과정을 지켜본 사람이다. 그가 새로운 물결의 선두에 섰으며, 이 새로운 물결 속에서 연구자들은 엘리스 같은 전문 치료사의 임상 관찰 내용에 사회과학적 데이터를 덧붙였다. 1999년 페라리는 미루기 연구자들의 첫번째 국제회의에 참석했고, 그때부터 회의는 1년에 두 번씩 꾸준히 열리게 되었다. 독일에서 열린 첫 회의에는 교수 열두 명이 참석했지만, 역시 독일에서 열린 2015년 회의에는 무려 180명의 미루기 연구자가 몰려들었다.

기분과 불안, 또는 우울

이 분야는 점점 성장해 심리학자뿐만 아니라 신경 과학자와 유전학자, 행동 경제학자까지 아우르게 되었다. 브루클린 대학의 교수인 로라 라빈Laura Rabin은 2011년 연구에서 미루기를 신경 심리학적으로 접근하여 전두엽에 집중되어 있는 집행 기능, 계획 및 자기통제 작용의 실패와 미루기의 상관관계를 발견했다. 셰필드 대학의 푸시아 시루아Fuschia Sirois는 미루기가 전반적인 건강과 웰빙을 위협하는 요소라고 보았으며, 콜로라도 대학 연구원들은 2014년 연구에서 미루기와 충동성에 유전적인 연관이 있고, 따라서 일을 미루는 경향이 세대를 걸쳐 전해질 수 있다는 사실을 발견했다. 권위 있는 여느 학문 분야와 마찬가지로 미루기 연구는 반목과 수많은 논란을 낳았다. 혹시 미루기 연구자들 사이에 열띤 논쟁이 벌어지도록 불을 붙이고 싶다면, 만성적인 미루기가 시간을 관리하지 못하는 무능함과 더 관련이 있는지 아니면 감정 조절 실패와 더 관련이 있는지만 슬쩍 물어보면 된다.

페라리는 후자를 지지한다. "만성적으로 일을 미루는 사람에게 '그냥 하라'라고 말하는 건 우울해하는 사람에게 '이봐, 기운내!' 하는 것과 같습니다."

페라리는 미루기를 이해하기 위해서는 일을 미루는 사람이 처한 환경이 아니라 그 사람의 내면을 들여다봐야 한다고 말한다.

그러면 미루기가 결국은 제대로 관리되지 않은 기분과 감정에 기반한다는 사실을 알게 된다는 것이다. 사람들이 일을 미루는 이유는, 무언가를 해내려면 그에 적절한 기분 상태가 되어야 한다고 생각하기 때문이다. 그리고 언젠가는 기분이 변할 것이기 때문에 미래야말로 행동에 나서기 더욱 적합한 때라고 확신한다. 우리가 일을 미루는 건 기분을 관리하려는 노력, 해야만 하는 일에 스스로를 끼워 맞추려는 노력 때문이다. 지금 낮잠을 자면 더욱 잘 집중할 수 있을 거야. 지금 트위터를 하는 건 글쓰기 전의 좋은 준비운동이 될 거야.

페라리는 연구에서 미루기가 불안에 대처하는 수단이나 두려운 결과로부터 스스로를 보호하는 수단으로 이용되는 방식을 거듭거듭 분석한다. 문제는 자신을 방어하려는 이러한 시도가 오히려 자멸적인 결과를 낳는다는 점이다. 페라리와 다이앤 타이스 Diane Tice의 연구에서, 대학생들은 별 의미는 없고 그저 재미로 시험을 치르게 될 거라는 이야기를 들었을 때보다 자신의 능력을 평가하는 의미 있는 시험을 치르게 될 거라는 이야기를 들었을 때 시험 준비를 더욱 미루는 경향을 보였다. 즉, 일을 미루는 사람들은 시험이 중요할수록 준비를 미룬다. 시험이 중요하지 않으면? 일을 미루지 않는 사람과 별다를 것 없이 행동한다. 미루는 사람이 노력하지 않는 것은 노력이 중요한 경우뿐이다. 역설적으로 들릴지 모르지만, 그 결과가 중요하면 중요할수록 그들은 더욱 절박하게 스스로를 보호해야만 하는 것이다.

내 삶에서도 이런 합리화를 찾아볼 수 있다. 미루는 습관이 기분과 불안, 또는 우울에서 나온다고 보는 주장은 꽤 그럴싸하다. 작가 로버트 행크스Robert Hanks의 글을 읽다가 깊은 인상을 받고 적어둔 구절이 있다. "나는 거의 항상 겁먹고 슬퍼하기 때문에 일을 미룬다."

페라리의 책을 읽다보니 심리학자 티머시 피칠Timothy Pychyl의 연구도 알게 되었다. 티머시 피칠은 기분이 행동을 좌우하게 놔두지 말고, 대신 행동이 기분을 좌우한다는 점을 기억하라고 말한다. 여태껏 미뤄왔던 일을 하면 기분이 나아진다. 실제로 미뤄왔던 일을 하는 건 기분을 나아지게 하는 유일한 방법이다. 하지만 문제는, 그 미뤄왔던 일이라는 게 내가 한다는 상상조차 할 수 없는 바로 그 일이기도 하다는 거다.

내 패턴은 보통 이렇다. 글을 쓰려고 책상 앞에 앉았다가 내게 정말 간절히 필요한 건 방금 내린 커피 한 주전자라는 결론을 내린다. 커피를 내리려면 부엌으로 가야 한다. 일단 부엌에 가면 싱크대 위의 전구가 나갔다는 걸 알아채지 않을 수 없다. 전구를 갈려면 모퉁이에 있는 가게에 가야 한다. 그러나 새 전구를 사러 모퉁이까지 걸어간다는 건 있을 수 없는 일이다. 글을 써야 하기 때문이다. 하지만 다른 한편으로 전구를 파는 가게는 정말 훌륭한 베이글을 파는 가게 바로 옆에 있고, 커피를 내리고 있는 중이기 때문에 베이글이 필요하다는 주장은 반박이 어렵다. 또한 전구 가게와 베이글 가게가 있는 바로 그 블록에는 선집을 훑어보며 약간의 시간을 보낼 수 있는 서점이 있다. 그래, 서점이 글쓰기에 영감을 불어넣어줄 수도 있지 않을까?

스스로를 막다른 골목으로 끌고 가는 바로 그 순간에도 나는 내가 행하고 있는 자기기만을 인식하고 있다. 하지만 그게 다 무슨 상관인가. 물론 일은 나를 바른 길로 이끌어줄 유일한 방법이다. 하지만 때때로 일은 내가 무슨 일을 해서든 피하고 싶은 유일한 것이기도 하다.

수치심의 방패

가장 영향력 있는 자기 불구화 연구 중 하나는 미루기와 전혀 관계가 없다. 〈자기 불구화 전략을 통한 자아 특성의 통제: 알코올의 매력과 저성과〉라는 제목을 가진 1978년의 한 논문에서 에드워드 존스Edward Jones와 스티븐 버글러스Steven Berglas는 알코올 남용 사례 중 일부는 창피를 면하려는 시도로 이해할 수 있다고 주장했다. 실패에 대한 변명으로 음주를 이용한다는 것이다. 둘은 다음과 같이 썼다. "이 전략은 좋은 성과가 나올 가능성을 줄이는 장애물을 찾거나 만들어냄으로써 자아 효능감을 훌륭하게 보호한다."

버글러스가 이 충동을 이해한 것은 개인적 경험을 통해서였다. 그의 이야기에 따르면, 그는 고등학교 시절 만점을 받으리라 예상 하던 SAT를 치르기 직전에 처음으로 마약을 해봤다. 마약은 강력 한 변명거리이자 나는 똑똑한 사람이라는 자기 확신을 무너뜨리 지 않고도 부담스러운 기대를 낮출 수 있는 방법이었다. 아이러니 하게도, 매우 높았던 SAT 모의고사 점수가 이 이론의 씨앗을 제공 해주었다.

일을 미루는 사람도 이와 비슷한 전략을 취한다. 우리는 성공 가능성을 크게 낮추는 방법으로 자아 효능감을 보호한다. 하지만 이건 미루기의 뒤틀린 논리 중 한 가지 사례일 뿐이다. 일을 미루 는 이유가 얼마나 많은지를 알면 깜짝 놀라지 않을 수 없다.

어쩌면 나는 스스로에 대한 높은 기대에 부응하지 못할까봐 두려워하는 완벽주의자이기 때문에 일을 미루는 건지도 모른다.

아니면, 당연히 실패하리라 생각하고 스스로에게 실패의 이유 를 설명하기 위해 일을 미루는 핑계꾼이거나.

아니면, 내가 해낸 일에 대한 다른 이들의 평가가 무서워서 일 을 미룬다거나.

아니면, 특정 날짜까지 뭔가를 하라고 요구하는 상사나 배우 자나 카드회사나 다른 권위자에게 고분고분 대응해야 하는 게 분 해서라거나.

아니면, 최후의 순간에 일을 끝내려고 애쓸 때 아드레날린이 분출되는 게 즐겁기 때문이거나.

아니면, 해야 할 일의 규모와 가짓수에 압도당해서거나.

아니면, 그냥 너무 귀찮아서일 수도.

더 복잡한 경우를 생각해보자면, 직업적 의무라는 측면에서는 세상에서 가장 성실하지만 집안일에 관해서는 언제나 굼뜬 경우일 수도 있다. 내가 생각해낸 이론 중 하나는(또는 나를 정당화하는 방법 중 하나는) 미루기가 반드시 필요한 의례이자, 성취로 향하는 길에서 반드시 견뎌야 하는 과정으로 이미 정착되어 있을 수도 있다는 거다. 다른 모든 의례와 마찬가지로, 미루기는 혼란스럽고 마음대로 되지 않는 삶을 조금은 통제할 수 있는 하나의 방법이라는 점에서 매력적이다.

사실, 내가 알게 된 설명 하나하나는 전부 나름의 설득력을 갖는다. 심리학자 피어스 스틸Piers Steel은, 이 모든 미루기의 핵심에 공통적으로 존재하는 것이 감정을 조절하지 못하는 무능력이 아니라 현재에 대한 선호라고 강조한다. "우리가 일을 미루는 것은 대개 현재는 구체적으로, 미래는 추상적으로 느끼기 때문이다." 그의 책을 읽다가 밑줄 친 문장이다. 이 주장 역시 이치에 들어맞는다. 거의 모든 이론이 얼추 말이 된다. 심지어 다른 합리적인 이론을 정면으로 반박하는 이론조차 어느 정도는 말이 된다. 여러 문헌을 읽는 건 스스로에게 많고 많은 진단을 내리는 것과 같다.

그렇게 나는 계속해서 일을 미뤘다.

자기 인정을 위한 공간

그로부터 얼마 지나지 않은 어느 날 아침, 언제나처럼 반쯤 잠에서 깬 상태로 노트북컴퓨터를 켰다. 알고리즘 농담 하나가 온라인에서 나를 기다리고 있었다. 매우 생산적인 사람들의 여덟 가지 습관을 자세히 설명해놓은 기사 링크였다. 나는 노트북을 덮어버리고 다시 베개에 얼굴을 파묻었다. 그 기사를 읽진 않았지만 침대로 굴러서 다시 잠드는 게 그 여덟 가지 중 하나가 아니라는 건 확신할 수 있다.

경영관리 언어가 얼마나 완벽하게 자기 계발을 규정하는지 깨닫기 위해 눈에 보이는 자극적인 제목의 기사를 모두 읽을 필요가 있나? 공항의 가판대와 바이럴 동영상이 부추기는 이상 속에는 더 생산적이고 빠릿빠릿한 내가 있다. 이 이상과 다른 개인적이고 특이한 변종은 하나같이 낙인찍힌다.

페라리를 만났을 때 나는 경영관리 언어로 명령하는 대중 자기 계발 산업의 등장에 회의를 갖는 이유를 열심히 설명했다. 무릇 독립적으로 사고하고자 하는 인간이라면, 더 빠르고 훌륭하고 본보기가 될 만한 드론이 되라는 끊임없는 훈계에 저항해야 한다는 의무감을 느끼지 않겠는가?

"네, 그게 바로 우리가 반항이라고 부르는 겁니다." 페라리는 말했다. "당신이 나한테 이걸 하라고 하면 나는 정확히 정반대로 하겠어' 같은 거죠."

"하지만 내 삶에서 가장 재미있었던 건 하지 말아야 할 일을 하는 거였어요." 내 말에 페라리는 살짝 놀란 것 같았지만 어쨌든 나는 계속 이야기했다. "내 말은, 본인이 직접 선택을 내려야 된다는 거예요. 일을 연기하거나 거절하거나 미루는 게 적극적인 선택일 수 있다는 생각은 안 해보셨나요? 자신을 구성하는 하나의 방법으로서요."

페라리의 생각은 달랐다.

"이봐요, 일을 미루면 실질적인 피해가 생긴다고요. 물론 경제적 피해가 생기죠. 하지만 개인적 피해도 엄청나요. 관계에서도, 자아 존중감에서도요. 인생은 짧아요. 당신, 세상에 변화를 일으켜본 적 있습니까?"

내가 보편적 선에 기여했다는 증거가 부족하다는 이유로 주장이 힘을 잃는 상황에는 미처 대비하지 못했다. 그런 적은 없다고 대답할 수밖에. 하지만 뒤늦게나마 대답이 떠오르긴 했다. 일을 미루는 모든 사람이 알고 있는 사실. 때때로 우리가 하는 가장 훌륭한 일은 오로지 다른 일을 미루기 위해서 하는 일이다.

사회과학 연구원들이 이러한 역설을 어떻게 계량화하는지는 잘 모르겠다. 나는 나 자신을 하나의 개인으로 이해하고 싶지, 과학과 사회과학에서 하듯 일반적인 유형의 한 사례로 생각하고 싶지는 않다. 내게 있어 나의 미루기는 미묘하고 주관적이고 미스터리하며 종잡을 수 없는 행위다. 하지만 내가 이렇게 생각하는 것도 당연하다. 나는 일을 미루는 사람이니까. 즉, 나의 미루는 습관을 어떻게 합리화할 수 있는지 알고 있다는 뜻이다.

존스와 버글러스도 비슷한 깨달음을 얻었던 것 같다. "우리 모두는 자기 인정과 자기 미화의 판타지를 위한 공간을 남겨두기 위해 특정 종류의 애매모호함을 필요로 한다."

라캉의 면담 시간

프로이트는 환자들이 두 가지를 다 원한다는 사실을 알고 있었다. 환자들은 도와달라며 의사를 찾아와놓고는 의사가 그 어떤 도움도 주지 못하게 하려고 최선을 다했다. 분석을 방해하고 싶어 하는 분석 대상자들이 가장 좋아한 전략이 바로 미루기였다. 면담 시간이 50분이면 이런 환자들은 별 중요하지도 않은 이야기를 하며 48분가량을 보낸다. 면담이 끝나기 직전에야, 그것도 마음이 내키면 말이지만, 정말 하고 싶은 이야기를 꺼낸다. 환자가 취약한 위치에 있다는 점을 고려하면(자리에 누워 수술을 받는 것과 다름없으니) 지연작전을 쓰는 것도 이해할 만하다. 기다려봐요. 난 아직 준비가 안 됐다고.

하지만 분석을 하는 사람도 일을 미룰 수 있다. 프랑스의 정신

분석학자 자크 라캉Jacques Lacan은 치료 속도를 통제하기 위해 악명 높을 정도로 '짧은 면담'을 도입했다. 이 짧은 면담에서 분석가는 아무것도 모르는 환자의 말을 다짜고짜 끊어버리고 면담을 끝냈다. 라캉의 면담이 얼마나 짧았냐고? 그건 라캉 마음이었다. 라캉의 분석 대상자였던 스튜어트 슈나이더만Stuart Schneiderman은 자신의 책《자크 라캉: 지적 영웅의 죽음Jacques Lacan: The Death of an Intellectual Hero》에서 라캉이 어떤 식으로 면담을 끝냈었는지 술회했다. 라캉은 의자에서 일어나 오늘은 이걸로 됐다고 딱 잘라 선언하곤 했다. 슈나이더만은 막 이야기를 시작한 참이었다.

라캉식 마무리는 적어도 라캉에게는 의미가 있었다. 라캉은 분석 대상자가 궁금해하길 원했다. 내가 무슨 소릴 했기에 의사가 저렇게 금방 내 말을 자른 거지? 이 질문은 다음 면담 때까지 분석 대상자의 머릿속을 떠나지 않았고, 다음에 있을 대화에 적절하게 잘 숙성되었다.

이런 의문도 들었을 거다. 딱 5분 면담했는데 한 시간 분석 비용을 다 내야 하나? 기록에 따르면 라캉은 돈 걱정은 별로 없었던 듯하다. 슈나이더만은 라캉이 면담 시간 동안 자기 책상에 앉아 지폐를 세고 있었다고 말했다.

점점 더 미루기에 몰두하면서, 나는 라캉이 그때까지 온당한 평가를 받지 못했던 미루기의 힘을 발견한 게 아닐까 궁금해졌다. 다른 정신분석가들은 아직 준비가 덜 된 분석 대상자가 겁을 먹은 채 시간을 낭비하도록 내버려두었지만 라캉은 미루기를 치료의 전략으로 택했다. 불쑥 면담을 끝내는, 사실상 면담을 미루는 방식으로써 면담을 더욱 효과적으로 만든 것이다.

나는 라캉의 사례를 당시 내가 막 알아차리기 시작한 진실의 추가 증거로 삼았다. 그 진실은 다음과 같다. 다른 사람의 미루는 습관을 얼마나 나쁘게 보느냐와는 상관없이 내가 일을 미뤄야 하는 그럴듯한 이유는 언제나 찾아낼 수 있다.

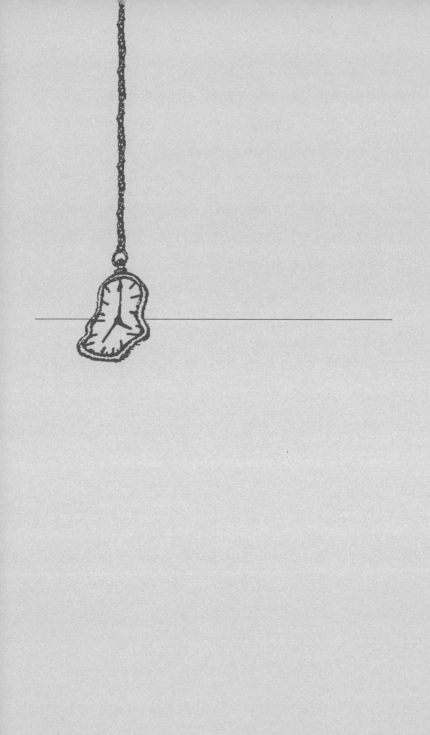

Soon

3장

내일을 향한 믿음

미루는 사람들을 위한 기도

우리는 지금 일할 것이다. 아아, 하지만 너무 늦었다.

— 에드거 앨런 포, 〈심술 요정The Imp of the Perverse〉

이런 이야기가 있다. 4세기 아르메니아에서 로마의 백부장이 말하는 까마귀를 만났다. 백부장은 기독교로 개종하기로 마음을 먹은 터였는데, 이 말 잘하는 까마귀는 뭐든 성급할 필요가 없다고 백부장을 설득했다. 그러면서 제안을 하나 했다. 개종을 미루라고, 서두르지 말라고. 하루 정도 시간을 두고 더 생각해보라고.

하지만 백부장은 미루지 않았다. 신자로서의 새 삶을 즉시 시작하겠다고 고집했다.

그 까마귀가 사실은 새의 모습으로 자신을 유혹하러 온 악마였다는 사실을 깨달은 백부장은(이 사람은 훗날 일 미루는 사람들의 수호성인인 성 엑스페디투스로 추앙받는다) 놀라운 행동을 한다. 백부장은 까마귀를 발로 짓밟아 죽여버렸다.

내가 성 엑스페디투스를 알게 된 건 미루기를 조사하기 시작한 지 얼마 안 되어서였다. 가톨릭 집안에서 나고 자랐고 가톨릭 학교를 다녔으며 수많은 성인의 수많은 삶에 대해 읽었지만 일 미루는 사람의 수호성인이 있는 줄은 몰랐다. 하지만 있을 법도 하다. 일을 미루며 죄의식에 시달리는 사람만큼 걱정과 불안을 잘 이해하는 사람도 드물 테니까. 이렇게 오래 미루다가 마감을 못 지키면 어쩌지? 준비를 너무 늦게 시작해서 시험을 망치면 어쩌지? 성 엑스페디투스 이야기의 경우엔 판돈이 크고 미루기의 대가도 엄청나다. 성 엑스페디투스에게 미루기는 자신의 영혼을 건 행위였다. 미루기가 곧 종교적 삶과 죽음의 문제가 되는 순간이다.

성 엑스페디투스와 말하는 까마귀에 대해 생각하면 생각할수록, 그가 남긴 전설이 내 평범한 습관에 엄숙함을 덧입혀주었다는 생각에 고마움을 느끼지 않을 수 없었다. 성 엑스페디투스 덕분에 품격 있는 사람이 된 듯한 기분이었다. 성 엑스페디투스 이야기 속에서 미루기는 현세와 내세, 탐욕스러운 신체와 위험에 빠진 영혼 사이에서 벌어지는 가장 기본적인 갈등을 보여준다. 일을 미루며 자기 합리화를 잘하는 사람이라면 계속 따라가봐도 좋을 법한 내용 같았다.

그로부터 얼마 후, 미루기를 거부한 이 성인이 여러 대륙에서 이미 숭배의 대상이라는 사실을 알게 되었다. 인도양에 있는 자그마한 레위니옹섬에서는 신자들이 길가에 성 엑스페디투스를 기리는 제단을 세워 화사한 빨간색으로 칠하고 자그마한 조각상으로 장식한다.

이 조각상에는 복잡한 규칙이 얽혀 있는데, 중보 기도* 외에도 거래의 의미가 있다. 방식은 이렇다. 사람들은 길가에 제단을 세우고 작은 성인 조각상으로 장식해 성인을 기린다. 그다음 소원을 들어달라고 부탁한다. 이렇게 경의를 표했는데도 기도에 응답을 받지 못하면 작은 조각상의 목을 자르는 게 지역의 전통이다. 왜 레위니옹섬에 머리 없는 성 엑스페디투스 조각상이 그렇게 많은지 알 수 있는 대목이다.

브라질 상파울루에서는 시스템이 약간 다르다. 사람들은 성 엑스페디투스 축일에 우르르 예배에 참석해 성인에게 도움을 간청하며 종이에 기도를 적어 제단에 남긴다. (성 엑스페디투스 축일은 일을 미루는 미국인에게 또 하나의 중요한 날인 세금 신고 마감일의 며칠 뒤인 4월 19일이다.)

미국에서 성 엑스페디투스 신앙의 중심지는 루이지애나다. 루이지애나에서 성 엑스페디투스를 숭배하는 방식은 가톨릭과 부두교가 남긴 영향이 섞여 있다. 뉴올리언스만큼 성 엑스페디투스 숭배가 흥한 곳도 없는데, 이 아이러니는 너무나도 빤해서 법석을 떨기도 뭣하다. 시간을 잘 지키는 게 어떻게 신앙의 토대가 될 수

* 수호성인이나 성모께 드리는 기도.

있는지 이해하려면, 왜인지 몰라도 환락과 쾌락의 수도로 가야 하
는 것이다.

뉴올리언스에 가면 백부장께 드리는 기도문이 쓰인 카드를 쉽
게 발견할 수 있다.

> 성 엑스페디투스여,
>
> 고귀하신 로마의 청년, 순교자시여,
>
> 일을 빠르게 처리하고,
>
> 절대 일을 미루지 않는 분이여, 당신의 도움이 필요합니다…

아니면 이런 거라든지.

> 성 엑스페디투스여, 선을 행하시는,
>
> 순교와도 같은 믿음의 증인이시여,
>
> 당신은 내일을 오늘로 만드시나이다.
>
> 당신은 마지막 순간의 쏜살같은 시간에 사시며,
>
> 시간은 언제나 당신을 미래로 던지시나이다.
>
> 일을 재빨리 처리하시며,
>
> 뒤돌아보지 않고 미루지 않는 이의 마음에
>
> 힘을 주시나이다.

성 엑스페디투스의 가장 대단한 점은 그가 한 번도 세상에 존재한 적 없이 이 모든 신심을 불러일으켰다는 사실이다. 가톨릭 당국은 성 엑스페디투스가 신화와 전설의 집합체일 뿐, 실제로 존재했다는 근거는 없음을 인정한다. 하지만 고대 기독교는 미루기에 반대하는 교리를 전파하려는 4세기 마케팅 캠페인의 중심인물로 성 엑스페디투스를 이용했다. 성 엑스페디투스의 이미지는 자기 구원을 미루지 말고 너무 늦기 전에 즉시 개종하라며 이교도를 설득했다.

미루는 사람들의 수호성인

오늘날 가장 유명한 성 엑스페디투스 조각상 중 하나는 뉴올리언스 프렌치 쿼터의 꾀죄죄한 외곽에 위치한 작은 성당에 있다. 바닥에 흘린 맥주 냄새가 코를 찌르는 동네. 과달루페 성모 성당은 이 도시에서 가장 오래된 성당으로, 1826년 장례식을 집전하기 위한 곳으로 지어졌다. 이 성당 뒤의 좁은 공간에 성 엑스페디투스 조각상이 있다. 나는 이 조각상을 보려고 비행기를 타고 뉴올리언스로 날아갔다. 조각상 아래에는 중보 기도가 적힌 종이 쪼가리가 열 장가량 놓여 있었다. 시급한 문제를 해결하도록(음주 습관을 깨부술 수 있도록, 아니면 법적 문제에서 무사히 빠져나올 수 있도록,

그리고 당연히, 일을 미루는 습관을 극복할 수 있도록) 도와달라고 성 엑스페디투스에게 부탁하러 성당을 찾아온 방문객의 흔적이었다.

독실한 신자들이 성인에게 바치는 공물로 조각상 옆에 파운드케이크를 남겨놓는 게 이 지역의 관습이라는 이야기를 들은 적이 있다. 하지만 그날 종이 쪼가리 옆에는 파운드케이크가 하나도 없었다. 깜박거리는 촛불로 둘러싸인 그 으스스하고 오래된 성당에서, 나는 무슨 기적이라도 일어나 성 엑스페디투스가 케이크를 모조리 먹어치운 건 아닐까 잠깐 생각했다.

하지만 실은 그다지 초자연적이지 않은 다른 이유가 있었다. 동네에서 토니 신부라고 불리는 성당의 주임 사제, 앤서니 리골리 Anthony Rigoli 신부가 조각상 발치에서 파운드케이크와 그 밖의 다른 공물을 치우는 일을 맡고 있던 터였다. 도와달라고 기도하는 사람들 뒤를 따라다니며 청소하는 일이 토니 신부의 공식 업무는 아니었고, 아마도 누군가는 해야만 하는 일을 자청한 모양이었다. 토니 신부는 가난한 이들을 위해 설교하는 사제 모임인 성모마리아 선교 사역회의 회원이다. 과달루페 성모 성당의 주임 사제로서 그는 자연스럽게 북미에서 가장 유명한 성 엑스페디투스 제단 관리와 그에 따르는 모든 책무를 물려받았다.

우리는 마디그라 축제 바로 전주에 만나기로 약속했다. 이른 오후 호텔에서 성당까지 짧은 산책을 하면서 보도에서 비틀거리는 관광객들을 구경할 수 있었다. 뉴올리언스에서 이런 구경은 마치 스포츠 관람과도 같다. 환락이 절정에 다다르는 연례 카니발 준비가 시작된 참이었다. 도시의 무절제가 한껏 과장되어 있었다.

이 눅눅한 파티 현장의 와중에 램퍼트 스트리트에 위치한 점잖은 성당은 시원한 대피소가 되어주었다. 토니 신부를 만나기로 한 곳은 성당 옆에 있는 작은 기념품점이었다. 기도서며 성인의 모습이 새겨진 메달이며 기도 카드를 구경할 수 있는, 독실한 이들의 반스앤드노블 같은 곳이다. 나는 토니 신부를 기다리면서 성 엑스페디투스가 새겨진 작은 백랍 메달과 성인을 향한 기도가 적힌 카드를 하나 샀다. "성 엑스페디투스의 기도로, 우리가 알맞고 좋은 때에 용기와 신의와 신속함을 가지고 행동하며, 우리 주 예수 그리스도를 통해 올바르고 행복한 마지막을 맞이할 수 있게 하소서. 아멘."

토니 신부는 14년 전 과달루페 성모 성당에 오기 전까지는 성 엑스페디투스에 대해 들어본 적이 없었다고 한다. 하지만 일단 성당에서 근무를 시작하자 램퍼트 스트리트로 밀려드는 관광버스에 빠르게 적응하게 되었다. 관광 가이드들도 나름의 성 엑스페디투스 이야기를 들려주었는데, 그 내용은 다음과 같다. 19세기의 어느 날 뉴올리언스에 있는 성당에 이름 모를 성인의 조각상이 들어 있는 소포가 도착했다. 소포에는 "급송expedite"이라는 우편 지시 사항만 쓰여 있었기에 곧 그 미스터리한 성인의 이름은 엑스페디투스가 되었다…. 토니 신부에게 별 도움은 안 되는 이야기다.

단정하고 활력 넘치는 백발의 토니 신부는 사제복 위에 미식축구 팀 뉴올리언스 세인츠New Orleans Saints의 트레이닝복을 덧입고 있었다. 그가 먼저 기념품점을 돌아다니는 나를 발견하고 다가와 인사를 건넸다. 세인츠(성인이 아니라 미식축구 팀)를 응원하는 건 토니 신부가 지역 문화에 양보한 신념 중 하나였다. 버펄로에서 버펄로 빌스Buffalo Bills의 팬으로 자라난 그로서는 쉽지 않은 결정이었으리라. 문화와 종교가 독특하게 뒤섞인 뉴올리언스에서는 크로스오버와 이종교배에 어느 정도 유연해지는 게 좋다. 뉴올리언스에서 가장 독실한 성 엑스페디투스 숭배자 중에는 가톨릭이 아닌 부두교 신자도 있는데, 이들은 이따금씩 과달루페 성모 성당에 있는 기념품점에 와서 부두교 의식에 필요한 검은 양초를 찾는다.

나는 토니 신부에게 물었다. 성 엑스페디투스에게 파운드케이크를 바치는 게 원하는 걸 얻기 위한 효과적인 전략이라고 믿나요? 그는 눈동자를 굴려 하늘을 쳐다보았다.

"이런 기도 방식은 미신에 가깝기 때문에 다소 황당해하는 사람도 있는 게 사실이죠." 한참을 하늘만 바라보던 토니 신부는 이렇게 대답한 뒤 이어 더욱 분명하게 이야기했다. "저는 성인께서 기도에 답해주시리라 생각하지 않습니다. 하지만 예수님은 답해주시지요. 나를 위해 기도해달라고 누군가에게 부탁할 때 우리가 정말로 원하는 건 지지입니다. 우리 모두는 지지받는 기분을 느끼고 싶어 해요. 그러니까 이런 기도 방식은 사실 나 자신을 위한 거지요. 나쁠 것 없습니다. 아마 주님은 더 큰 문제에 대해 걱정하시겠지만….”

설명 불가능한 늑장의 늪

내가 나고 자란 가톨릭 세계는 지각을 정말 싫어했다. 가톨릭 초등학교에서 총명함은 그리 칭송받지 못했지만 시간을 잘 지키는 건 거의 숭배되다시피 했다. 제시간에 도착하는 것보다 더 중요한 건 없었다. 광적으로 시간 엄수를 중시한 나머지 모든 학생이 수업 시작 5분 전까지 교실에 앉아 있어야 한다고 주장하는 수녀님을 만나기도 했다. 평범한 시간 엄수를 지각으로 만들어버리는 하이퍼 시간 엄수였다. 우리는 그걸 “수녀님 타임”이라고 불렀다.

　그 시절 시계는 우리의 적이었다. 그건 뭐랄까, 마치 우리를 절망시키려고 작정한 물건 같았다. 교실 시계는 공교롭게도 언제나 우리를 지켜보는 십자가 바로 아래 매달려 있었는데, 우리가 풀려나기를 가장 간절하게 바라는 최고로 지루한 수업 시간이면 분침이 늘 멈춰 있었다. 하지만 시간이 더 필요한 때, 예를 들면 시험을 보거나 에세이를 써야 할 때면 시계는 가볍게 우리를 배신하고 다시 속도를 높였다. 반드시 가톨릭 학교 학생이어야만 시계에 배신당한 기분을 느낄 수 있는 건 아니다. 장소와 상관없이 모든 학창 시절은 끝이란 게 보이지 않기 마련이니. 하지만 우리 가톨릭 학생들처럼 내세 이야기를 많이 듣게 되면 3시가 영원히 오지 않는 건 아닐지 특히 더 걱정하게 된다.

토니 신부는 나와 만나기 얼마 전에 〈마가복음〉의 한 구절에 관해 설교를 했다고 했다. 갈릴리 호숫가에서 시몬과 안드레라는 어부 형제를 만난 예수 이야기다. 예수는 형제에게 생계를 버리고 자신의 제자로 합류할 것을 청한다. 형제는 지체하지 않았다. "곧 그물을 버려두고 따라갔다"라고, 〈마가복음〉은 전한다.

"곧이라는 겁니다." 토니 신부가 이야기를 이어갔다. "형제가 즉시 하던 일을 놓고 예수를 따라갔다는 거죠. 그들이 해야 했던 일을 생각해보세요. 생계뿐만 아니라 자신이 아는 모든 걸 포기해야 했습니다. 그런데도 주저함이 없었어요."

귀감이라 할 만한 이 신속함에 필적할 만한 사람은 드물 것이다. 토니 신부는 고등학교에서 학생을 가르칠 때 숙제에 점수 매기는 일을 끝없이 미루곤 했다고 털어놓았다. 나는 많은 학생들 역시 숙제를 미루고 미루다 마지막 순간에 했을 거라는 사실을 고려하면 신부님의 나쁜 습관도 충분히 정당화할 수 있을 것 같다고 말씀드렸다.

바로 이때였다, 토니 신부에게 비밀을 털어놓고 마음의 짐을 내려놓는 게 좋겠다고 다짐한 것은. 그래서 나는 실토했다. 지금 우리가 나누는 이 대화를 그동안 미뤄왔다고. 이 창피한 진실의 내용은 이렇다. 사실 나는 정보 조사 차원에서 이미 이곳 뉴올리언스에 아무 결실 없는 여행을 한 번 온 적이 있었다. 여행에 결실이 없었던 건 물론 나의 미루는 습관 때문이었다.

사정은 이랬다. 과달루페 성모 성당에 있는 성 엑스페디투스 조각상을 처음 알았을 때, 나는 고등학교 시절부터 쭉 친구로 지내던 마이크와 함께 브루클린을 출발해 뉴올리언스로 왔다. 마이크도 작가이긴 한데 놀랍게도 일을 미루는 사람은 아니다. 내게 뉴올리언스에 가라고 부추긴 것도 마이크였다. 마이크가 어떤 사람이냐. 같이 저녁을 먹던 어느 날 밤, 마이크는 새 책을 구상 중이라며 조사를 하려면 이스라엘에 가야 한다고 말했다. 나는 마이크의 아이디어를 칭찬하며 이스라엘에 가보라고 격려해주었지만, 실은 별생각 없는 빈말이었다. 그런데 며칠 뒤 마이크가 이스라엘에서 이메일을 보내왔다.

깜짝 놀랐다. 마이크는 달에서도 이메일을 보낼 수 있는 사람이었다. 이제 막 싹이 튼 아이디어를 좇아 갑자기 지구 반 바퀴를 날아가겠다고 결정하는 건, 나로서는 그 어떤 상황에서도 상상할 수 없는 일인데.

나는 늘 마이크 같은 여행자들이 부러웠다. 그렇게 쉽게 자리를 박차고 나가 세계를 여행할 수 있다니. 아무 일도 아니라는 듯이 "나 암스테르담이야" 하고 이메일을 보내는 것도, "미안, 그날 난 방콕에 있을 예정이라" 하면서 점심 약속에서 쏙 빠질 수 있는 능력도 부러웠다. 나는 일을 미루는 사람이라 여행이 쉽지 않다. 여행은 내가 미래의 언젠가로, 그러니까 절대 오지 않을 언젠가로 가장 자주 미뤄버리는 일 중 하나다. 물론 나처럼 여행을 미루는 사람도 여행 가방용 태그나 도장, 티켓, 낡은 스티커 같은 건 모을 수 있다. 하지만 나한테 그건 가본 곳이 아니라 가보지 않은 곳을 보여주는 증표다. 난 파리나 로마, 도쿄에 가본 적이 없다고, 지난 가을 나는 뉴저지 프린스턴에 가지 않았다고 선언하는 셈이다.

말했듯이 집필을 위해 뉴올리언스에 가라고 나를 설득한 건 마이크였다. 내가 여행을 얼마나 잘 미루는지 알고 있었기에 마이크는 자기가 함께 가겠다고 제안했다. 그래서 몇 주 뒤, 마이크와 나는 뉴올리언스의 과달루페 성모 성당에서 성 엑스페디투스 조각상을 바라보고 있었다. 미루기의 역사 속으로 떠나는 이 여행에서 지역 주민(예를 들면 사제나 교구 주민, 내 눈앞에서 성 엑스페디투스에게 파운드케이크를 바치는 사람) 몇 명을 만나 이야기를 나누자는 게 내 두루뭉술한 계획이었다.

하지만 막상 뉴올리언스에 도착하자 왠지 그 누구와도 이야기를 나누고 싶지가 않았다. 더 재미있어 보이는 일이 있었다. 그 일이란 대개 먹고 마시는 거였다. 사제라크 칵테일의 도시이자 포보이 샌드위치*의 도시인 뉴올리언스 전체가 내게 손짓했고, 그 부름

---

* 뉴올리언스의 대표적인 음식들.

에 응답하지 않는 건 무례한 행동일 것 같았다. 그런 연유로, 도착하고 하루하고도 반나절이 지난 뒤 황당해하는 마이크의 얼굴에도 불구하고 우리는 성 엑스페디투스에 대해 그 누구와도 대화를 나누지 않은 채로 뉴올리언스를 떠났다.

그래서 이렇게 두 번째로 뉴올리언스에 오게 된 것이다. 이번에는 혼자였지만 예방책으로 토니 신부와 선약을 해두었다. (이건 흡사 정보원과 이야기 나누기를 주저하는 기자 같은 건데, 이런 인물이라면 아마 이야깃거리를 찾는 소설가와 시나리오작가에게는 희극적 요소와 파토스 가득한 전인미답의 깊디깊은 저장고를 제공하지 않을까.)

토니 신부는 나를 이해했다. 모두가 가끔은 이런 설명 불가능한 늪장에 푹 빠져버리고 만다. 스스로 뭘 해야 하는지 잘 안다고 생각할 때조차 우리 안의 무언가가 그걸 방해한다. 그 증거로 고대 기독교의 한 사례를 들 수 있다. 바로 도둑질과 쾌락주의, 난잡한 성행위에 고집스레 전념했던 성 아우구스티누스 이야기다. 그는 스스로를 어쩌지 못했다. 그리고 거칠었던 젊은 시절에 대해 "나는 나의 과오를 사랑했다"라는 말을 남겼다.

아우구스티누스의 참회

성 아우구스티누스는 아들이 번듯하게 결혼하길 바랐던 어머니의 소망을 무시하고 15년간 연애만 하다 그 여성과 아이까지 낳았다. 어머니는 아들이 기독교에 귀의하기를 쉼 없이 빌었고, 어머니가 돌아가시자 아우구스티누스는 그토록 제멋대로 살았던 것과 어머니가 그렇게 기도를 하셨는데도 너무나 오랫동안 개종을 미뤘다는 사실 때문에 죄책감에 시달렸다. 그의 저서 《참회록》에는 그동안 낭비했던 삶과 기독교 신앙을 받아들이기를 미룬 것에 대한 자기 비난이 반복된다. 그는 이렇게 썼다. "주여, 당신을 너무 늦게 사랑했나이다." 수 세기에 걸쳐 기독교의 찬송가와 기도에서 되풀이된 표현이다.

중요한 무언가를 너무 오래 미뤄왔거나 결정적 순간을 붙잡지 못하고 기회를 흘려보낸 경험이 있는 사람이라면 아우구스티누스의 비통함을 이해할 수 있으리라. 아우구스티누스, 우리에게 원죄 개념을 심어준 사람. 원죄는 일을 미루는 사람 모두가 익히 알고 있을 신학의 한 요소로, 우리 모두는 본질적으로 어딘가 잘못되었다는 반박하기 어려운 주장을 깔고 있다. 아우구스티누스는 거의 15년 동안 〈창세기〉 연구에만 매달렸고(다윈이 따개비 연구에 투자한 시간과 얼추 비슷하다), 빨리 마무리하고 다른 일을 시작하라는 친구들의 조언에도 불구하고 (역시 다윈이 그랬듯이) 연구를 끝내거나 출간하기를 거부했다.

하지만 아우구스티누스의 진짜 쌍둥이는 다윈이 아니라 전설 속 인물인 엑스페디투스다. 아우구스티누스와 엑스페디투스, 실로 기이한 성인 커플이라 하지 않을 수 없다. 서구 지성사에 지울 수 없는 흔적을 남긴 한 사람과, 존재한 적조차 없는 한 사람. 이 둘은 같은 세기를 살았고(아니, 한 사람은 "살았다고 여겨진다"라고 해야겠지만), 둘 다 개심하기 전 젊은 시절에는 최선을 다해 기독교인답지 않은 삶을 살았다. 하지만 (스스로 괴로워할 정도로 오랜 시간 개종을 미뤘으며 너무나도 인상적인 후회의 말을 남긴) 아우구스티누스가 결국 많은 사람에게 크나큰 영향을 미쳤으며 사망 이후 그의 작품이 거의 2000년 동안 읽히고 연구되었다는 사실은 꽤나 흥미롭다.

그의 짝 엑스페디투스는 삶의 유혹을 발로 밟아 짓이겨버렸다는 점에서 단호하고 확신이 넘치는 영웅적 인물이었다. 물론 가공의 인물이기에 가능한 이야기다.

그림 속에서 엑스페디투스는 언제나 로마 군복을 입고 십자가를 손에 든 채 자신의 가장 강력한 적인 까마귀를 발로 짓밟고 있다. 싸움에서 완전히 패배한 까마귀는 부리로 두루마리를 물고 있는데, 종이에는 라틴어로 '내일'이라는 뜻의 단어 '크라스CRAS'가 적혀 있다. 미루는 행위를 뜻하는 영단어 'procrastination'의 어원인 크라스는 왠지 까마귀 특유의 울음소리와 발음이 비슷하기도 하다. 엑스페디투스가 들고 있는 십자가에는 '호디에HODIE'라는 단어가 쓰여 있는데, 짐작하겠지만 이는 라틴어로 '오늘'이라는 뜻이다. '나중에'를 이기는 '바로 지금'의 우월함, '꾸물거림'을 이기는 '행동'의 우월함을 이보다 더 또렷하게 보여줄 수 있는 그림은 없으리라. 까마귀는 단 한 번의 기회도 잡지 못했다.

에드거 앨런 포의 심술 요정

문학에도 엑스페디투스 이야기 속 까마귀의 사촌 격이라 할 만한
전설적인 새들이 있다. 북유럽신화와 아메리카 원주민 신화에 등
장하는 신령한 까마귀, 그리고 테드 휴스Ted Hughes의 시에 등장하
는 신화 속 새가 그 예다.

　미루기와 가장 정면으로 대적하는 휴스의 시에서 주인공은 까
마귀가 아니다. 이 시의 제목은 〈개똥지빠귀Thrushes〉인데, 여기서
개똥지빠귀는 자동으로 움직이는 살인 기계로 묘사된다. (꾸물거
리는 테드 휴스 같은) 인간들을 괴롭히는 우유부단함과 미루는 습관
이 개똥지빠귀에게는 없다. 개똥지빠귀는 성실하고 본능적이며
무자비한 존재로 그려진다.

　시에 등장하는 개똥지빠귀는 시인인 휴스보다 더 유능하며,
따라서 인간보다 완전한 생명체로 그려진다. (구약성서에서 완전함
은 매우 중요한 요소다. 〈신명기〉에 나오는 전쟁에 관한 법률을 보면, 포도밭
을 아직 수확하지 않았거나 집을 다 짓지 못한 전사는 전투에 나가면 안 된
다고 써 있다.) 휴스의 시 속 새에게는 낭만적인 면이라곤 없다. 새
벽을 여는 아름다운 노랫소리도 없다. 휴스는 생물학적 특성을 더

욱 강조한 (성실하고 괴로움을 모르는, 그래서 더욱 끔찍한) 새의 모습을 보여준다. 에밀리 디킨슨Emily Dickinson과 달리 휴스에게 날개 달린 것은 죽음이다.[•]

죽음은 연기하거나 미뤄버릴 수 없는 유일한 의무다. 에드거 앨런 포의 〈갈가마귀〉에는 까마귀속의 한 종인 말하는 갈가마귀가 주인공으로 등장하는데, 이 갈가마귀는 엑스페디투스의 까마귀처럼 "사람을 유혹하는" "악마 같은" "귀신"으로 그려진다. 그중에서도 엑스페디투스의 까마귀와 가장 비슷한 점을 꼽자면, 아무리 쫓아내려 해도 절대 떠나지 않는다는 점이다. 하지만 성 엑스페디투스의 전설과 달리 포의 시에서 새의 모습을 한 죽음의 사자는 자신이 괴롭히는 인간과의 싸움에서 승리한다. 화자가 굴복한 뒤에도 이 새는 떠나지 않고 "방문 위에 있는 팔라스의 창백한 흉상 위에" 앉아 있다.

에드거 앨런 포도 열심히 일을 미루는 사람이었다. 제임스 로웰James Lowell에게 보내는 편지에 "나는 지나치게 나태하고, 그러다 아주 가끔씩 놀라울 정도로 부지런해진다네"라고 쓰기도 했다. 포 역시 일을 미루는 다른 사람들처럼 작업에 기복이 심했고, 그 덕분에 일을 미루는 이의 마음을 가장 완벽하게 그려낸 작품 중 하나인 〈심술 요정〉을 쓸 수 있었다.

• 에밀리 디킨슨은 〈희망은 날개 달린 것Hope is the thing with feathers〉이라는 시를 썼다.

우리 앞에는 재빨리 해치워야 할 일이 있다. 이 일을 미루면 파멸이 닥치리라는 걸 안다. 우리 삶에 가장 심각한 위기가 닥쳐오고, 그 위기는 쩌렁쩌렁한 목소리로 즉각 에너지를 내어 행동하라고 명한다. 우리는 달아오르고, 작업을 빨리 시작하고픈 열망에 사로잡힌다. 우리의 영혼은 영광스러운 결실을 기대하며 온통 불타오른다. 그 일은 반드시 오늘 끝내야 하지만 우리는 일을 내일로 미룬다. 어째서? 이 질문에 답은 없다. 우리가 심술이라는 단어의 본질을 전혀 이해하지 못한 채로 심술을 내고 있다는 말밖에는. 내일은 찾아오고, 그와 함께 의무를 다해야 한다는 불안에 더욱 초조해지지만, 불안이 점점 커지는 동시에 이름 없는, 이해할 수 없기에 더욱 두려운, 일을 미루고픈 갈망이 모습을 드러낸다. 시간이 빠르게 흘러갈수록 이 열망은 더욱 강렬해진다. 행동을 취할 수 있는 마지막 순간이 머지않았다. 우리는 우리 안의 격렬한 갈등에, 한계 없는 한계에, 어둠을 지닌 본질에 전율한다. 하지만 지금껏 이어져온 경쟁의 승리자는 어둠이다. 우리는 부질없이 몸부림친다. 시계는 종을 울리고, 종소리는 행복의 끝을 알린다. 또한 종소리는 우리를 그토록 오랫동안 억누른 유령에게 밤의 끝을 알리는 수탉의 울음소리이기도 하다. 걱정은 날아간다. 사라진다. 우리는 자유다. 예전의 에너지가 다시 돌아온다. 우리는 지금 일할 것이다. 아아, 하지만 너무 늦었다!

앨런 포의 "너무 늦었다"는 아우구스티누스의 "너무 늦었나이다"를 떠올리게 한다. 성 아우구스티누스처럼 앨런 포의 영혼도 후회에 이끌렸다. 어린 아내 버지니아의 죽음으로 비탄에 잠긴 말년의 포는 브롱크스에 있는 예수회 수사 공동체 근처에 살며 밤이면 그곳을 방문하곤 했다. 가끔은 도서관을 이용했고, 종종 수사들과 함께 저녁을 먹거나 카드놀이를 했다. 우울에 빠져 있던 포는 수사들과 함께하며 위로받았고 감사하는 마음으로 "수사들은 교양이 매우 높은 신사와 학자다. 담배를 피우고 술을 마시며 카드놀이를 하지만 종교에 관한 이야기는 단 한 번도 꺼내지 않았다"라고 적었다.

수사들은 앨런 포를 돌봐주었다. 포가 슬픔에, 또는 술에, 또는 슬픔과 술에 잠긴 날이면 수사 중 한 명이 그를 집에 바래다주었다. 어떤 이들은 왜 수사들이 포를 신앙으로 이끌지 않았는지, 왜 한 번도 세례를 제안하지 않았는지 궁금해한다. 비틀거리는 귀갓길에 다정한 귀와 듬직한 손은 있었지만 종교 이야기는 일언반구도 없었다. 포는 1849년 볼티모어에서 의문에 싸인 죽음을 맞이했다. 한 이야기에 따르면 그가 죽기 전에 마지막으로 남긴 말은 "주여, 제 불쌍한 영혼을 도우소서"였다.

엑스페디투스와 아우구스티누스와 포는 미루기를 이해하는 새로운 방식을 보여준다. 미루기는 기분이나 비합리적인 의사 결정이나 형편없는 시간 관리 능력의 문제를 넘어 삶과 죽음의 문제가 될 수 있다. 우리 모두 시계가 째깍거리는 걸, 시간이 흘러 가고 있다는 걸 인식하고 있다. 하지만 마음속 깊은 곳에서는 어 떻게든, 마법처럼 시계가 나만은 봐줄 수도 있지 않을까 기대한 다. 어린 시절 내게 영원만큼 무시무시한 건 없었다. 나는 한밤중 에 침대에서 일어나 앉아 영원 개념을 이해해보려고 애썼다. 어떻 게 시간이 영원히 흘러갈 수 있지? 아직 사춘기가 오기 전, 자기중 심적인 어린이의 관점에서 이보다 더 중요한 문제는 '그렇다면 나 는 어떻게 되는 거지?'였다. 어린아이에게(그리고 몇몇 어른에게) 내 가 존재하지 않는 세상만큼 불가해한 것은 없다. 나 없는 세상은 불가능하다.

죽음 이후의 삶도 무서웠다. 지옥이나 지옥에 떨어진 이들이 받는 고문 때문이 아니었다. 소름 끼치는 건 내 영혼이 끝없는 시 간 속을 떠돌 거라는 상상이었다. 끝없는 시간. 그건 우리 모두를 기다리고 있는 귀한 포상이어야 했다. 하지만 어린 나는 그 상을 생각하는 것만으로도 식은땀을 줄줄 흘렸다.

자기 파괴적인 낙관주의자

성 엑스페디투스에게 기도해본 적은 없지만 엑스페디투스를 믿 는 이들의 낙관주의, 좋은 일이 일어날 거라는 믿음은 내게도 있다. 일을 미루는 사람은 우울하고 망상에 빠져 있고 자기 파괴적일 수도 있지만 동시에 낙관주의자이기도 하다. 우리는 해야 할 일을 하는 데 지금보다 더 적합한 시기가 있을 거라고 늘 믿는다. 일을 미루는 사람의 특징 가운데 가장 자주 간과되는 것이 바로 낙관주의다. 우리에게 내일은 언제나 약속으로 넘쳐흐른다.

미루기에는 어딘가 스릴 넘치는 구석이 있다. 어쩌면 그건 위반에서 오는 스릴일 수도 있고, 해야 하는 일을 하지 않는 데서 오는 황홀함일 수도 있다. 이 스릴에는 분명 그럴듯한 이유가 있을 거다. 언제나 최후의 순간에 슈퍼히어로가 나타나 사람들을 도와주는 게 내러티브의 원칙 아닌가. 슈퍼히어로는 세속적인 버전의 개종을 보여준다. 평범하고 나약한 존재에서 강력한 존재로 변모해(그러면서도 어째서인지 그 둘은 같은 존재다) 일종의 구원을 위해 모든 걸 바치는 주인공.

아우구스티누스는 필멸의 삶을 잠시 정지한 상태로 묘사하며 "나를 고통스럽게 하는 유예"라고 불렀다. 그에게 현생은 신자들을 기다리고 있는 내세 이전에 존재하는 짜증스러운 유예였다. 그리고 그 삶을 빨리 보내고 싶어 조바심쳤다. 낙관적이다.

내 낙관주의는 아침에 일어난 직후 거의 정점을 찍는다. 나는 늘 아침을 사랑해왔다. 아침의 나는 그 어느 때보다 자기 연민과 심술이 덜하다. 아침에는 모든 게 가능해 보인다. 아이디어로 넘쳐흐른다! 가능성! 타인을 향한 사랑! 아무도 나를 멈출 수 없다.

하지만 오후 4시쯤 되면 나 자신과 인류에 대한 기대를 깨끗이 단념한다. 그렇게 미루기는 늦은 오후에 정점을 찍는다. 자포자기한 상태로 하루를 내려놓고 모든 걸 내일로 미루는 시간. 그때쯤 되면 예외 없이 현재에서 빠져나와 내일 아침을 위해 산다.

내일을 향한 믿음은 일종의 신앙이다. 내일까지 살아남을 수만 있다면 모든 것이 새로 태어나고 희망이 부활할 것이다. 일을 미루는 사람에게 있어 희망은 언제나 경험을 이긴다. 내 생각엔 이것이야말로 꽤 적절한 신앙의 의미다.

마침내 과달루페 성모 성당에서 토니 신부를 만난 날, 시간이 남길래 나는 성당에서 좀 쉬기로 했다. 오후 4시쯤이었고, 몇 블록 떨어져 있는 버번 스트리트에서는 이미 파티가 한창이었다. 성당으로 오는 도중 한 나이트클럽을 지나치는데 정문에 핫팬츠를 입은 여자가 서 있었고, 그 옆에는 팔뚝이 나무 밑동만큼이나 두껍고 육중한 배에 민소매 티셔츠를 입은 놈이 있었다. 여자가 내게 소리쳤다. "거기 귀염둥이, 와서 우리랑 놀자!" 왜인지, 아마도 민소매 티셔츠를 입은 놈의 존재 때문이었던 것 같은데, 나는 아무것도 못 들은 척했다.

과달루페 성모 성당 내부는 훨씬 조용했다. 나이 지긋한 여성이 제단 근처에서 묵주기도를 올리고 있었다. 성당 뒤에서는 갈데 없어 보이는 사람 몇 명이 좌석 사이를 어슬렁거렸다. 성당의 시간은 더위 속에서 째깍째깍 흘렀다. 성 엑스페디투스에게 관심을 보이는 사람은 아무도 없었다.

초기 기독교 교회에서는 모두들 마지막 날과 최후의 심판이 코앞에 다가왔다고 생각했고 머지않아 그날을 맞이하리라 확신했다. 그래서 살짝 미친 사람들이 생겨났다. 몇 십 년마다 광적인 공포가 신도들을 집어삼켰다. 신도들은 너무 늦기 전에 회개해야 한다는 확신에 가득 차서 가진 모든 걸 내던졌고, 집단을 이뤄 메시아를 기다렸고, 성지를 방문하려고 유럽을 건넜고, 폭력적인 십자군 운동을 벌였다.

신도들만 이렇게 불안해하는 건 아니다. 기회를 놓칠까봐, 너무 오래 기다릴까봐, 혼자 뒤처질까봐 두려워해본 적 없는 사람이 어디 있는가? 이런 초조한 마음으로 살아가려면 뭔가를 믿어야 한다. 그 믿음이 보잘것없는 나 자신을 향한 것일지라도. 우리가 던지는 가장 종교적인 질문은 "왜 내가 이곳에 있나요?"가 아니라 "내게 시간이 얼마나 남아 있나요?"다.

과달루페 성모 성당을 두 번째로 방문했을 때 토니 신부가 들려준 이야기가 생각난다. 가톨릭 사제들이 우스갯소리로 신도들을 몇 분이나마 더 깨어 있게 하려고 일요일 설교에 간간히 섞는 《리더스 다이제스트》에 나올 법한 일화 중 하나다. 어느 날 한 신부가 신도들에게 천국에 가고 싶은 사람은 손을 들어보라고 했다. 한 사람을 빼고 모두가 손을 들었다. 신도들을 바라보던 신부는 손을 들지 않은 사람에게 정말 천국에 가고 싶지 않느냐고 물었다. 그는 대답했다. "신부님, 물론 천국에 가고 싶지요. 하지만 신부님께서 오늘 당장 보내버리려고 하시는 것 같아서요."

아우구스티누스가 자신의 삶을 "나를 고통스럽게 하는 유예"라 부른 건 가능한 한 빨리 낙원으로 여행을 떠날 준비가 되어 있었기 때문일 것이다. 하지만 우리 대부분은 그런 확신이 없다. 우리에게는 가장 완벽한 상황에도 저항하고자 하는 타고난 양가감정이 있다.

천국은 좋은 곳 같아 보인다. 하지만 아직은 아니다.

Soon

4장

오늘 할 일 — 걱정하기

레오나르도의 투두 리스트

더 할 만한 일이 있다면 누가 글을 쓰겠어?

— 바이런 경, 일기에서 발췌

이탈리아의 작가 움베르토 에코Umberto Eco는 리스트에 집착했다. 기호학자인 에코는 원래 학계에서만 알려진 인물이었으나 1980년에 쓴 소설《장미의 이름》으로 엄청난 성공을 거두었다. 14세기 이탈리아의 한 수도사(배스커빌의 윌리엄)가 마치 탐정처럼 셜록 홈스 시리즈에 나올 법한 이야기를 풀어나가는 이 소설은 숀 코너리 Sean Connery와 크리스천 슬레이터Christian Slater 주연의 형편없는 영화로 제작되기도 했다. 책의 대성공으로 에코는 예상 밖의 유명인사가 되었다. 그는 사전 읽기를 좋아하는 유명 인사였다. 무인도에 딱 한 가지만 가져가야 한다면 무엇을 가져가겠느냐는 질문에 전화번호부라고 대답한 적도 있다.

또 다른 저서《궁극의 리스트》에서 에코는 도저히 표현이 힘든 것을 표현하는 방식이 바로 리스트라고 말했다. 예를 들어《일리아스》에서 호메로스는 트로이군의 침입에 대비해 전투 대열을 갖춘 그리스군의 모습을 묘사하려다 실패하고, 대신 리스트를 보여준다. 군선 목록을 나열한 뒤 그리스군 사령관과 병사들의 이름을 350행에 걸쳐 일일이 써놓은 것이다.

에코에 따르면, 우리가 리스트에 끌리는 이유는 리스트가 가진 그 무한함 때문이다. 리스트는 한계가 없으며 절대 완성될 수 없다. "우리에겐 한계가 있다. 몹시 좌절스럽고 굴욕적인 한계, 바로 죽음이다. 그렇기 때문에 우리는 한계가 없다고, 그러니까 끝이 없다고 여겨지는 모든 것을 좋아한다." 에코의 말이다. "우리는 죽음을 원치 않기 때문에 리스트를 좋아한다."

나는 다소 강박적일 정도로 리스트를 만드는 편이지만, 그동안 한 번도 만들어본 적 없는 리스트가 하나 있으니 바로 버킷 리스트다. 버킷 리스트를 적어본 적 없는 이유는 버킷 리스트에 씀직한 일들을 해낼 용기가 없기 때문이다. 예를 들면 나는 스카이다이빙을, 행글라이딩을, 마라톤을, 에베레스트 등정을 결단코 하지 못할 테니까.

버킷 리스트는 욕심과 자기 계발이 교차하는 지점에서 생겨난다. 버킷 리스트는 자기소개서를 폼 나게 채우고 죽기 직전까지 인상 깊은 경험을 쌓아 올리겠다는 욕망을 드러낸다. 버킷 리스트라는 단어를 널리 알린 사람은 저스틴 잭햄Justin Zackham으로, 이 사

람이 누구냐면 잭 니컬슨Jack Nicholson과 모건 프리먼Morgan Freeman
이 출연한 영화 〈버킷 리스트〉의 시나리오를 쓴 작가다. 이 시나
리오의 아이디어는 잭햄이 가지고 있었던 '죽기 전에 하고 싶은
일 리스트'에서 나왔다. 리스트의 첫 줄이 '유명 할리우드 스튜디
오에서 제작하는 영화 시나리오 쓰기'였다는 걸 이미 짐작한 분
계시려나.

내가 절대 버킷 리스트를 만들지 않는 또 다른 이유는 버킷 리
스트가 죽음을 인정하게 만들며, 내 죽음을 인정하는 건 정말 기
분 나쁜 일이기 때문이다. 과제를 마치는 건 리스트에서 과제를
사라지게 하는 것과 같고, 이건 어떤 면에서 나 자신을 사라지게
하는 것이기도 하다. 바로 그래서 내가 투두 리스트to-do list를 해치
우는 데 그렇게 자주 실패하는 거다. 눈앞에 해야 할 일이 있는 한
(이룰 수 없는 일이 무한히 늘어서 있으면 더욱더 좋다) 끝없이 그 일을
미룰 수 있다. 마지막 투두 리스트의 마지막 항목에 줄을 긋는 것
보다 더 힘 빠지는 일이 뭐가 있겠는가? 나는 리스트가, 가능하다
면 나 자신도, 영원히 끝나지 않았으면 좋겠다.

투두 리스트의 도서관

뉴올리언스에서 돌아오자 해야 할 일의 길고 긴 리스트가 나를 기

다리고 있었다. 어떤 건 힘든 일이었고 어떤 건 손쉬운 일이었다. 바로 그때였다. 마침내 내가 성 엑스페디투스에게 제물을 바치는 행위의 의미를 깨달은 것은. 해야 할 일을 하지 않았을 때 자기 자신 대신 비난할 대상을 만드는 것이다. 나는 과달루페 성모 성당의 기념품점에서 기도 카드를 최소 세 개는 샀는데 해야 할 일은 아직도 조금밖에 못 끝낸 상태였다. 조금 억울할 것 같지 않은가? 목이 잘린 채 레위니옹섬 길바닥에 뒹구는 성 엑스페디투스 조각상들이 그 어느 때보다 확실히 이해되는 순간이었다.

그러는 사이 마감은 다가왔고, 나는 점점 더 깊은 구덩이로 미끄러져 내려가고 있었다. 텅 빈 구덩이로 떨어지며 당장 해야 하는 일에서 필사적으로 멀어져갔다. 갑자기 트위터 프로필 업데이트야말로 내가 상상할 수 있는 가장 중요한 업무처럼 보였다. 그동안 수집한 디지털 음원들을 정리하며 하루를 다 보내기도 했다. 요즘은 그런 일을 '큐레이팅'이라고 하던데.

일을 꼭 끝마치겠다고 다짐하면 할수록 나는 점점 더 집중력을 잃어갔다. 일을 못 하니까 우울해졌고(여러분이 아는 그 악순환의 고리가 맞다) 우울하니까 더욱더 일을 할 수가 없었다. 업무를 회피하고 다른 자잘한 일들로 시간을 보내느라 몇 주의 노동시간이 통째로 사라졌다. 나는 이 책에 넣을 인용문을 찾느라 책장을 뒤지다가 그동안 읽어볼 엄두도 내지 못했던 음악 평론집을 발견했다. 찾던 책은 전혀 아니었지만 선반에서 그 책을 꺼내 들었고, 얼마

지나지 않아 1980년대 뉴질랜드의 개러지팝garage-pop을 재검토하는 일에 푹 빠져들었다.

애초에 내가 뭘 찾고 있었는지는 영영 알 수 없게 되었다.

더 이상 미루는 짓은 그만두고 일에 착수해야 한다는 건 알고 있었다. 하지만 나는 이 지점에서 또다시 죄책감을 느끼곤 한다. 이름하여 메타-미루기라고 부를 법한 행동인데, 더 이상 미루지 말아야겠다는 다짐은 증발해버리고 아무것도 안 하는 스스로의 태도에 다시 아무 조치도 취하지 않는 것이다.

해야만 하는 일이 있는데 시작할 엄두조차 내지 못할 때마다 나는 투두 리스트를 만들었다. 내게, 그리고 장담하건대 모든 미루기 장인들에게, 투두 리스트는 일을 미루면서 더 큰 만족감을 느끼게 해준다는 데 그 존재 가치가 있다. 지금 미루고 있는 일의 리스트를 먼저 작성하지 않는다면 그 일을 안 하고 있다는 사실을 깨닫지도 못할 텐데 거기에 무슨 의미가 있겠는가.

나는 써야 할 에세이와 교정 봐야 할 원고, 보내야 할 이메일의 리스트를 작성했다. 잡지에 투고할 글들의 리스트와 그 글을 보낼 잡지 에디터들의 리스트도 있었다. 지불해야 할 청구서, 들어가 살펴봐야 할 웹 사이트, 처리해야 할 용무들, 세탁해야 할 옷들, 전화해서 기운을 북돋아줘야 할 우울한 친구들의 리스트도 있었다. 하루의 끝이 다가오면 내 작업 공간은 리스트의 도서관이 되었다. 나는 책상 위에, 침대 바로 옆에 리스트를 올려두고 캐비

넛에도 마스킹테이프로 리스트를 붙여놓았다.

가끔은 적어둔 리스트를 잃어버렸다가 나중에서야 발견하곤 했다. 문제 될 건 없었다. 몇 주가 지난 리스트더라도 대개는 여전히 끝내지 못한 상태였고, 바로 그 점에서 여전히 더할 나위 없이 완벽했으니까. 길 잃은 양이 무리를 이루어 돌아오면 큰 기쁨이 되듯 돌아온 옛 리스트는 언제나 환영받았다.

리스트가 카오스와도 같은 우리의 삶을 정리하는 하나의 방법이라고 생각하는 것도 나쁘진 않지만, 내가 리스트를 만드는 건 일을 해치우는 것과 전연 관계가 없다. 정확히 그 반대다. 나는 리스트를 작성하는 것 자체가 하나의 성취로 느껴지기 때문에, 그러므로 리스트에 적어둔 목표를 성취해야 할 책임에서 자유로워지는 것 같기 때문에 리스트를 좋아한다.

리스트 만들기, 리스트 붙여놓기, 리스트 잃어버리기, 잃어버린 리스트를 찾아서 오후 시간 보내기. 전부 리스트에 있는 일을 실제로 끝내는 데 쓸 수도 있었을 시간이다. 이게 바로 그 많은 사람들이 그렇게 투두 리스트에 중독되는 이유 중 하나다. 또 다른 이유는, 해치워야 할 일의 리스트를 작성하는 게 리스트에 있는 일을 실제로 해치우는 것보다 더 만족스러울 때가 많다는 점이다. 원래 의무에 이름을 붙이는 게 의무를 다하는 것보다 훨씬 재미난 법 아닌가.

생산성의 아이콘

얼마 전 자료 조사라는 명목으로 인터넷을 돌아다니다 싱어송라이터이자 배우인 조니 캐시Johnny Cash가 수첩에 휘갈겨 쓴 것으로 추정되는 투두 리스트를 우연히 발견했다. 리스트 제일 위에는 "오늘 할 일!"이라고 쓰여 있었다.

 1. 담배 피우지 않기
 2. 준에게 키스하기
 3. 준 말고 다른 사람한테는 키스하지 않기
 4. 기침하기
 5. 쉬하기
 6. 밥 먹기
 7. 너무 많이 먹지 않기
 8. 걱정하기
 9. 엄마 보러 가기
 10. 피아노 연습하기

오랫동안 나는 리스트 제목에 붙은 느낌표가 이 맨 인 블랙*에

---

* Man in Black. 검은 옷을 즐겨 입던 조니 캐시의 별칭.

게는 기대할 수 없었던 명랑한 낙관주의를 보여주는 건 아닌지 생각해보았다. 아니면 그저 절박함을 나타내는 것일지도 모르지만.

어쨌든 여기서 8번 항목, '걱정하기'는 조니 캐시가 리스트 작성의 진정한 천재임을 보여준다. 정말로 충분히 걱정할 수 있는 사람이 있을까? 그리고 충분히 걱정을 하면 누구나 자연히 내가 너무 걱정을 많이 한 건 아닌지 걱정하기 시작하지 않을까? 걱정하기는 투두 리스트에서 절대로 줄을 그을 수 없는 항목이다. 그야말로 메타-야망이다. 그 자체에 대한 야망, 그러므로 절대 실현될 수 없는 야망. '걱정하기'를 리스트에 올려놓는 바로 그 행위가 걱정의 원인이기 때문이다. 너무 오래 생각하면 어지러워진다. 이건 일종의 영혼의 현기증, 깊은 정신적 불편을 낳는다. 캐시도 이 사실을 알고 있었던 게 틀림없다. 그래서 '걱정하기' 항목 바로 뒤에 '엄마 보러 가기'가 있는 것이다.

미국의 가장 훌륭한 리스트 제작자는 벤저민 프랭클린Benjamin Franklin이었다. 프랭클린은 1737년 1월 6일 자 〈펜실베이니아 가제트Pennsylvania Gazette〉지에 술 취한 상태를 나타내는 표현을 200개 이상 나열한 리스트를 실었다(예를 들면 "그는 자신의 돛대를 펼쳤다" 같은 것). 프랭클린은 처음으로 장단점 리스트를 의사 결정의 도구로 사용한 사람이기도 하고, 스무 살 때는 자신이 뜻을 둔 열세 가지 덕목(절제, 침묵, 질서 등등)의 리스트를 만든 것으로도 유명하다. 이 리스트가 도덕 계획표의 역할을 하길 바랐던 그는 각 덕목과 관련해서 "잘못을 저질렀다고 생각하면 작은 점을 찍는" 방식으로 자신의 실패를 기록했다. 그렇게 하나하나의 덕목을 익혀 결국에는 리스트를 완성하고 모든 덕목에 완벽하게 통달하자는 게 그의 아이디어였다. 프랭클린은 그로부터 64년을 더 살았지만 스무 살의 프랭클린은 그때부터 이미 성공하고 싶어 안달이 나 있었던 것이다. "당신은 인생을 사랑하는가? 그렇다면 시간을 낭비하지 말라. 인생을 만드는 것은 시간이다." 프랭클린의 말이다. 하나 더. "잃어버린 시간은 다시는 돌아오지 않는다."

미국 자기 계발 산업의 기원도 프랭클린에게서 찾아볼 수 있다. 프랭클린이 스스로 공표한 이 인생의 금언들을 정말 진지하게 여겼는지, 아니면 미국식 업무 방식의 토대가 된 청교도의 엄숙한 도덕주의를 풍자한 것인지를 두고 학자들은 아직도 갑론을박을 벌인다. 그가 독자를 상대로 장난을 쳤다는 의혹을 받는 이유는 쉽게 알 수 있다. 프랭클린이 어마어마한 성취를 이루었고 다작하는 발명가이자 작가였던 건 사실이지만, 그는 욕조에 누워 (가끔은 여러 명의 프랑스 정부 중 한 명을 옆에 끼고) 엄청난 시간을 흘려보내기도 했기 때문이다. 어떻게 하면 오후를 잘 낭비할 수 있는지 그 방법을 모를 정도로 생산성에 집착하는 사람은 아니었던 셈이다.

리스트를 만들고 메모를 하고 엄청난 성취를 이룬 21세기의 대표적인 미국인을 찾아보자면, 드와이트 아이젠하워 Dwight Eisenhower를 들 수 있겠다. 그는 줄담배를 피우며 철두철미하고 꼼꼼하게 노르망디상륙작전을 계획한 사령관이었지만, 지금은 두 번의 백악관 재임 기간 동안 골프에 과도하게 시간을 할애한 대통령으로 더 잘 알려져 있다. 프랭클린처럼 아이젠하워도 미국 생산성의 아이콘이 되었다. 그의 명성은 1950년대 말 노스웨스턴 대학에서 한 연설에서 시작되었다. 이 연설에서 그는 할당된 시간을 가장 효율적으로 활용하는 방법에 관해 "한 은퇴한 대학 총장"의 말을 인용한다. "중요한 일은 긴급한 경우가 드물고, 긴급한 일은 중요한 경우가 드물다." 사실 아이젠하워는 자기 자신이 했던 말을 인용한 것 같다. 실제로 그는 전쟁 이후 컬럼비아 대학의 총장을 지냈으니까. 아이러니하게도 무뚝뚝하며 군대식 효율성을 구가했던 그의 경영 방식은 끝도 목적도 없는 토론을 더 편안하게 느끼는 컬럼비아 대학 교수진과 잘 맞지 않았지만 말이다.

하지만 아이젠하워의 연설은 작가이자 교육자이며 프랭클린 코비사社를 설립해 생산성 산업을 개척한 스티븐 코비Stephen Covey의 눈길을 끌었다. 코비는 아이젠하워의 말을 토대로 아이젠하워 매트릭스를 만들었다. 이 매트릭스에 따르면 의사 결정자는 투두 리스트를 네 개의 카테고리로 나눠야 한다. 그 네 카테고리란 바로 '지금 할 일', '언제 할지 결정할 일', '다른 사람에게 넘길 일', '지울 일'이다. 아이젠하워 매트릭스는 투두 리스트에서 한 단계 더 나아간 것으로, 일을 잘 분배하여 시간 낭비를 줄이는 것이 목적이다. 철학자 마크 킹웰Mark Kingwell은 시간 낭비를 "행동하지 않는 것과 다름없는 행동"이라 불렀는데, 그리 중요하지도 않은 일에 시간을 쏟느라 정작 우리가 이 세상에서 꼭 해야 하는 중요한 일을 못 한다고 생각했기 때문이다. 하지만 내 생각은 다르다. 헌신적인 부모나 이타적인 스카우트 단장으로 칭송받는 많은 이들의 경우, 그들이 존경받을 만한 행동을 하는 이유는 적어도 어느 정도는 다른 일, 예를 들면 정말 해야 하는 자기 일에서 도망가고 싶어서가 아닐까?

우리 대부분은 가끔 행동하지 않는 것 또한 하나의 행동이 될 수 있음을 알고 있다. 상징주의 시인인 생폴루Saint-Pol-Roux는 매일 밤 자기 전 침실 문에 이런 팻말을 걸어두었다. "방해하지 말 것. 시상을 떠올리는 중." 좀 심하다 싶기도 하지만, 성과는 끊임없는 노력과 활동과 움직임뿐 아니라 휴식과 사색, 여유에서도 나온다는 사실을 떠올리면 고개를 끄덕일 수밖에.

일을 미루는 사람으로서, 나는 게으름을 피우고자 하는 인간의 욕구를 어떻게 이용해야 하는지 잘 알고 있다. 먼저 내키는 대로 책도 한 권 더 읽고, 콜트레인John Coltrane 음반도 듣고, 샤워도 하고, 공원도 산책한다. 이 모든 건 '글쓰기'라는 항목으로 분류된다. 따라서 스스로에게 이렇게 말한다. 지금 나는 술 한 잔을 손에 들고 누워서 멍하니 천장을 바라보는 것처럼 보이겠지만, 사실은 글을 쓰고 있는 거야. 때가 되면 '글쓰기'를 멈추고 진짜 글을 쓰기 시작할 거야.

내가 할 일을 미루는 것은 태반이 불안 때문이다. 잡지에 글을 신기로 해놓고 내 능력이 부족할까봐 걱정하며 작업을 미룬다. 오랫동안 방치했던 집수리도 생각했던 것보다 더 복잡하고 비용도 많이 들까봐 걱정돼서 미룬다. 의사가 내 몸에서 상상조차 하기 싫은 문제를 찾아낼까봐 걱정하며 몇 년째 검진을 미룬다. 할 일도 너무 많고, 걱정할 이유도 너무 많고, 리스트도 너무 많다.

레오나르도 다빈치의 작업 계획

1482년 레오나르도 다빈치Leonardo da Vinci는 밀라노의 섭정이었던 루도비코 스포르차Ludovico Sforza에게 일자리를 구하고 있다는 편지를 보냈다. 레오나르도는 전쟁 중인 도시의 난폭한 지도자에게 무엇이 가장 중요할지 잘 알고 있었다. 그래서 자신이 가진 여러 가지 역량을 리스트로 만들어 편지에 담았다. 투석기 등 포위 작전에서 사용할 수 있는 여러 무기 제작 가능, "적을 뒤쫓거나 어느 때건 적에게서 도망칠 수 있는" 이동 가능한 가교 설계 가능, 심지어 "겉을 덮은 마차", 즉 탱크의 선조 격인 전쟁 차량을 제작할 계획도 있었다.

레오나르도는 편지 제일 끝에 가서야 자신이 그림도 좀 그릴 줄 안다고 밝혔다.

편지는 효과가 있었다. 하지만 레오나르도를 고용한 루도비코는 그에게 군사 프로젝트가 아닌 〈그란 카발로Gran Cavallo *〉라 불리는 대형 청동상의 제작을 맡겼다. 루도비코의 아버지를 기념하기 위한 이 동상은 세계에서 가장 큰 기마상이 될 것이었다. 하지만 레오나르도의 여러 다른 프로젝트와 마찬가지로 기마상은 끝내 완성되지 못했다. 그렇게 거대한 동상을 통째로 주조하는 일은 그에게도 쉽지 않았던 모양이다. 이 작업은 몇 년을 질질 끌었다. 루도비코는 동상이 완성되길 기다리는 데 진절머리가 난 게 틀림없다. 프랑스군이 밀라노를 위협해 방위군에게 화력이 필요해지자, 그는 레오나르도가 기마상을 만드는 데 쓰려고 따로 빼놓은 청동을 대포 제작에 써버렸다.

자신만만하게 약속했다가 낙심하고 미루기를 반복하는 게 레오나르도의 기본적인 작업 방식이었다. 그의 머리는 새로운 아이디어로 가득 차 있었지만 초상화를 그려달라는 귀족들의 부탁에 끊임없이 시달렸다. 레오나르도는 여유가 있을 때 거창한 계획을 세우고 나서는 한 번도 실행에 옮긴 적이 없는 것으로 유명했다. 그에게도 나름의 계획은 있었다. 막대한 과제를 쉴 틈 없이 설정했고, 언제나 놀라울 정도로 야심찬 투두 리스트를 만들었다. "구름이 어떻게 형성되고 해체되는지 묘사할 것"은 그의 리스트에

• '거대한 말'이라는 뜻의 이탈리아어.

있는 대표적인 과제 중 하나다. "재채기에 대해 묘사할 것"도 있다. 내가 아는 많은 계약직 노동자와 마찬가지로, 레오나르도 또한 새로운 과제를 거절할 줄 몰랐던 것 같다. 그래서 그렇게 많은 작업을 끝마치지 못했던 게 아닐까? 처음으로 레오나르도의 전기를 쓴 조르조 바사리 Giorgio Vasari는 완벽주의가 문제였다고 말한다. "레오나르도는 많은 일을 벌였지만 자신이 상상한 것을 그대로 구현할 완벽한 기술이 자신에게 없다고 생각했다." 교황 레오 10세는 일을 제때 끝내지 못하는 레오나르도에게 실망해 이렇게 말했다. "이 사람은 그 무엇도 끝내지 못할 것이다."

오늘날 우리는 레오나르도가 그린 헬리콥터나 잠수함, 심지어 로봇의 도안을 보며 감탄한다. 하지만 그 시절 레오나르도를 고용한 이들이 궁금해했던 건 단 하나였다. 과연 이자가 약속한 날에 약속한 일을 마칠 것인가?

암굴의 성모

레오나르도가 살아생전 완성한 그림은 스무 점뿐인데, 그중 두 개는 〈암굴의 성모 Vergine delle Rocce〉로 제목이 같다. 이 이상한 상황은 1483년 밀라노의 무염수태 성도회가 레오나르도에게 예배당에 걸어놓을 성모마리아와 아기 예수의 그림을 제작해달라고 부탁하면서 시작되었다. 계약직으로 일해본 적 있는 사람이라면 익숙할 순진한 낙관주의로, 레오나르도는 7개월 안에 그림을 완성하겠다고 약속했다. 하지만 이 그림이 예배당에 걸린 건 그로부터 25년이 지난 후였다.

이 사건은 레오나르도를 역사상 가장 유명한 미루기의 거장 리스트에 올려놓았다. 레오나르도 본인도 말년에 이르러 끝내지 못한 작업들 때문에 고민이 크다고 말했던 것으로 전한다지만, 그의 미루는 습관을 그 천재성과 따로 떼어놓을 수 있을까? 오늘날 사람들은 그를 대단히 박식했던 사람이자 미학과 해부학, 천문학, 공학을 넘나들며 모든 분야에서 중요한 진전을 이뤄낸 사상가라고 평한다. 물론 작품을 완성하지 못하고 주변 사람을 실망시켰던 그 시절에는 그저 산만하고 변덕이 심한 사람으로 여겨졌을 것이다. 그런데 만약 레오나르도가 능수능란했다면, 고객을 만족시키고 마감을 지키는 것에만 열심이었다면, 사람들에게 기억될 만큼 가치 있는 일은 하나도 못 남기지 않았을까?

미루는 습관에 평계를 제공해주는, 따라서 일 미루는 사람들이 매력을 느낄 만한 주장이다. 하지만 역사는 좀 더 복잡하다. 레오나르도는 무염수태 성도회의 예배당에 걸 그림을 비교적 빠르게, 몇 년밖에 안 미루고 완성했다. 하지만 형편없는 보수에 모욕을 느끼고 성도회에 복수하기 위해 그림을 간직하고 있다가 다른 사람한테 팔아버렸다. 그런 이유로 예배당에 한 번도 들어가보지 못한 그 그림은 현재 루브르박물관에 걸려 있는 것이다.

복수를 당한 무염수태 성도회는 결국 레오나르도에게 다시 그림을 의뢰했고, 레오나르도는 제안을 승낙하여 다시 작업에 착수했다. 그리고 이번에는 완성하는 데 15년이 걸렸다(한 신중한 정보원의 말에 따르면, "주문의 이행이 지연되었다"). 현재 런던의 내셔널갤러리에서 인파를 헤치고 겨우겨우 나아가면 볼 수 있는 두 번째 〈암굴의 성모〉로 레오나르도는 마침내 성도회와의 계약을 지켰다. 성도회가 제단 뒤에 이 그림을 건 것은 레오나르도가 7개월 안에 그림을 보내겠다고 약속한 때부터 사반세기가 지난 1508년이었다.

조지 애컬로프의 소포 상자

'미루다'라는 단어의 가장 엄격한 정의에 따르면, 일을 미루는 사람은 미루는 행동이 훗날 자신에게 나쁜 영향을 미칠 것을 알면서도 일을 미루기로 선택한 사람이다. 무언가를 미룬다는 것이 자신의 이익과 상반되는 행동을 하는(또는 아무 행동도 하지 않는) 것이라면, 다음과 같은 질문을 던질 수 있겠다. 도대체 어떤 사람이 일부러 자신의 이익에 반하는 행동을 하겠는가? 고대 그리스에는 이런 행동을 의미하는 단어가 있었다(당연하다, 그리스인에겐 없는 게 없다). 그 단어는 아크라시아akrasia로, 고의로 자신의 판단과 반대

되는 행동을 하는 것을 의미한다. 소크라테스는 진정한 아크라시아는 있을 수 없다고 보았다. 자신에게 무엇이 가장 유익한지를 온전히 이해하는 사람이라면 그 일을 하지 않을 리가 없기 때문이다. "일부러 나쁜 쪽을 향해 가는 사람은 없다"라고 소크라테스는 주장했다.

반면 아리스토텔레스는 아크라시아가 정확하게는 자제력의 실패를 의미한다고 생각했다. 욕구나 욕정이 이성을 넘어서는 상황. 나는 진심으로 탄탄한 몸매를 원하지만 내 몸매는 탄탄하지 않다. 운동하는 대신 인터넷으로 영화 〈탤레디가 나이츠Talladega Nights〉를 보며 솔티드 캐러멜 하겐다즈를 한 통 다 퍼먹는 것을 선택하기 때문이다. 하겐다즈가 주는 즐거움을 누리지만, 건강은 잃는다. 나는 내게 가장 유익하다고 여기는 행동을 하지 않았다.

우리가 그리 유익하지 않은 동물적 욕망을 채우는 데 열심이라는 점을 고려하면 아크라시아를 이해하는 건 그리 어렵지 않다. 엉뚱한 사람과의 하룻밤, 술집에서 다 보내버린 오후, 솔티드 캐러멜 아이스크림 한 통을 떠올려보라. 우리는 건강하지 않다는 걸, 합리적이지 않다는 걸 알면서도 그런 행동을 하고는 후회한다. 그런 다음엔 스스로 인간만도 못하다고 생각하며 "돼지처럼 먹었어"라거나 "나는 똥멍청이야"라고 말한다. 이런 유해한 행동의 결과로 몸에 탈이 나기도 한다. 16세기의 시인 에드먼드 스펜서Edmund Spenser는 자신의 책 《선녀여왕》에 등장하는 마녀의 이름을 아크라시아라고 지었다. 마녀 아크라시아에게는 애인을 동물로 만들어버릴 수 있는 힘이 있다. 동물이 되어버린 그녀의 애인들은 자기 자신을 통제할 수 없다.

머리가 비상하게 좋은 사람도 그리 다르지 않다. 노벨상을 수상한 경제학자 조지 애컬로프George Akerlof는 1991년 논문 〈미루기와 충실함Procrastination and Obedience〉에서 본인이 직접 경험한 일화를 털어놓는다. 당시 인도에 살고 있던 애컬로프는 미국에 사는 친구이자 동료인 조지프 스티글리츠Joseph Stiglitz에게 소포를 보내야 했는데, 며칠이 지나도록 그걸 부치지 못했다. 애컬로프는 이렇게 적었다. "8개월 동안 나는 매일 아침 잠에서 깨어날 때마다 스티글리츠에게 소포 보내는 건 내일 하는 게 좋겠다고 생각했다." 그리고 8개월 내내 소포는 원래 있던 자리에서 조금도 움직이지 않았다.

특출 난 학자도 해야 할 일을 미룬다는 사실은 어떤 면에서 꽤 위로가 된다. 하지만 도대체 왜 해야 할 일을 미루는지 이해하지 못하는 사람이라면 애컬로프의 멱살을 잡아 흔들고 싶을지도 모른다. 저놈의 소포 그냥 부쳐버리라고! 애컬로프 본인도 자신의 미스터리한 행동을 당혹스러워했다. 소포 부치기를 미루면서, 그는 고전 경제학의 가정과 달리 우리의 판단과 의사 결정은 이성보다 충동에 좌우된다는 사실을 발견했다. 애컬로프의 전문 분야인 행동 경제학은 평소 이성적인 사람이 때때로 얼마나 비이성적인 결정을 내리는지를 연구하는 학문이다.

일을 미루는 사람이 통달한 여러 비이성적인 행동 가운데 하나로 경제학자들이 "과도한 가치 폄하hyperbolic discounting"라고 부르는 것이 있다. 기다려야 하는 먼 미래의 보상(더 크지만 더 나중에 오는)보다 즉각적인 보상(더 작지만 눈앞에 있는)을 중시하는 경향을 뜻한다. 그래서 대학원생들은 온라인 게임을 한 판만 더 하겠다고 훗날 좋은 일자리를 얻을 확률을 높여줄 논문 쓰기를 미룬다. 미래의 자신보다 현재의 자신을 더 소중히 여기는 거다. 논문을 미루는 대학원생이 사실은 온라인 게임으로 시간을 낭비하는 행동을 통해 언젠가 큰 보상(좋은 일자리)이 주어지리라는 믿음의 부재를 표현하고 있을 수도 있다는 가능성은 잠시 제쳐두도록 하자.

미루기는 전 세계적으로 소비를 장려하며 너도나도 물건을 사는 우리의 경제처럼 선택이 지상 가치인 세계에서만 가능하다. 자유 시장은 인간의 자유에 반드시 필요한 요소로 여겨지며, 선택은 우리가 가장 소중하게 여기는 권리 중 하나다. 하지만 나처럼 슈퍼마켓의 시리얼 코너 앞에서 밀과 오트밀 중 하나를 고르지 못하고 몇 분이나 고뇌에 잠기는 사람이라면, 선택이 어깨를 내리누르는 짐이 될 수도 있다는 걸 잘 알 것이다.

의심은 선택의 결과물이다. 이 일자리를 받아들여야 하나? 침실을 파란색으로 칠해야 할까? 이 사람한테 청혼을 해, 말아? 의사한테 가서 사라지지 않는 이 어깨 통증에 대해 물어봐야 할까?

그 무엇에도 확신이 없다. 결정할 수 없다. 아침에 잠에서 깬 나는 애컬로프처럼 오늘 반드시 해야 하는 일이 있다는 걸 안다. 하지만 정확히 무슨 일? 투두 리스트는 하나의 메뉴다. 그리고 미루기의 구렁텅이 속에서 나는 웨이터가 나 대신 메뉴를 골라주길 간절히 바란다.

500년이 지난 뒤에라도

레오나르도는 죽을 때까지 〈그란 카발로〉를 완성하지 못했다. 1493년, 7미터가 넘는 점토 모형을 만드는 데까지는 성공했지만 얼마 안 가 궁수들이 말에 대고 활쏘기를 연습하면서 파괴되었다. 스포르차가 프랑스군의 위협을 느껴 기마상 재료인 청동 80톤을 대포 만드는 데 써버린 이후, 초대형 기마상을 만들겠다는 계획은 수백 년 동안 사람들의 머릿속에서 새까맣게 잊혔다. 레오나르도의 디자인이 다시 세상에 모습을 드러낸 건 1965년 마드리드에서 그의 오래된 수첩이 발견되면서였다. 미국의 미술품 수집가인 찰스 덴트Charles Dent는 《내셔널 지오그래픽》을 읽다가 이 무산된 프로젝트에 관해 알게 되어 두 번째 시도를 위해 자금을 모으기로 결정했다. 그렇게 덴트가 고용한 조각가 니나 아카무Nina Akamu가 마침내 레오나르도의 기마상을 완성했다. 레오나르도의 디자인과

정확히 똑같지는 않지만 높이는 7.5미터, 무게는 15톤에 달했다. 이 기마상은 레오나르도가 제작한 점토 모형이 파괴된 지 500년이 지난 1999년, 밀라노에서 처음 선을 보였다.

나는 이 기마상이야말로 미루는 사람이 자기 자신과 벌이는 싸움을 보여주는 기념비라고 생각한다. 참을성을 가질 것. 비록 지금부터 500년이 지난 뒤에라도, 누군가가, 어디에선가, 내가 해내지 못한 일을 마무리해줄지도 모르니까.

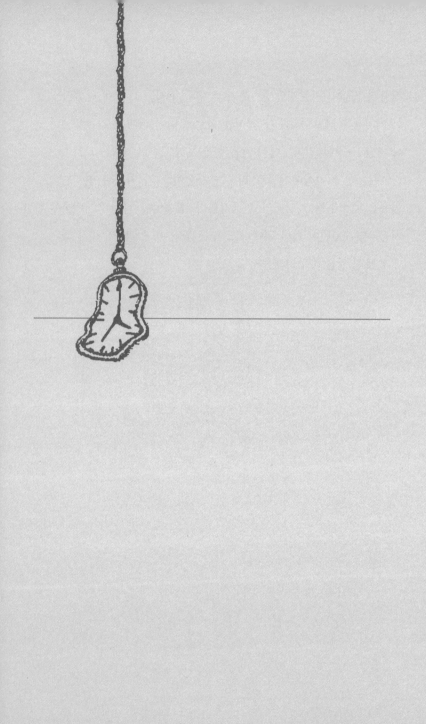

시계는 가고 우리는 일한다

테일러의 과학적 관리법 이후

자주성은 필요 없다. 우리가 원하는 건
우리가 내리는 명령에 따르고, 우리가 지시하는 일을 하며,
또 그 일을 빠르게 하는 것뿐이다.
— 프레더릭 윈즐로 테일러, 1907년 경영관리에 관한 강의에서

1911년 여름, 매사추세츠주에 있는 워터타운 무기 공장의 노동자들은 입을 모아 같은 불평을 했다. 부유한 가문 출신의 경영컨설턴트 프레더릭 윈즐로 테일러 Frederick Winslow Taylor 때문이었다.

테일러는 거의 3년 동안이나 자기 조수를 데리고 무기 공장 사람들 뒤를 집요하게 따라다녔다. 그러면서 손에 쥔 스톱워치로 이런저런 업무를 하고 있는 노동자들의 작업 시간을 재며 업무 효율성을 높이고 시간 낭비를 줄여보려 했다. 공구를 날카롭게 깎는 일에서부터 원재료를 운반하고 공장에서 만드는 해안 대공포 거푸집에 원료를 붓는 일까지, 테일러는 공장에서 이루어지는 작업 하나하나를 마치는 데 필요한 최적의 표준 시간을 알아내서 규칙으로 삼고 싶어 했다.

이게 바로 테일러의 돈벌이였다. 그는 사람들이 일하는 모습을 관찰하며 할 수 있는 한 정확하게 작업 속도를 측정한 뒤(매번 그리 정확한 것만은 아니었지만) 어떻게 하면 사람들이 일을 더욱 잘, 더욱 빠르게 할 수 있을지에 대해 기나긴 보고서를 써서 사장에게 올렸다.

무기 공장 노동자들은 그런 테일러에게 "스피디Speedy"라는 별칭을 붙였다.

테일러는 미 육군에 고용되어 무기 공장의 생산 과정을 간소화하는 일을 맡았는데, 그 공장이 바로 대형 해안 대공포와 필드 박격포의 운반 차량을 만드는 워터타운 무기 공장이었다. 테일러는 당시 이미 유명한 경영 전문가였다. 기업가들은 갈수록 복잡해지는 사업체의 통제권을 잃고 싶지 않았고 (당연하게도) 이익을 극대화하고 싶어 했기 때문에 테일러를 찾아가 조언을 구했다. 테일러는 아마 20세기에 개체수가 급격히 늘어난 종족, 그러니까 높은 임금을 받는 인기 경영컨설턴트로 일한 첫 번째 인물이었는지도 모르겠다.

태업 감시꾼

필라델피아의 부유한 가정에서 태어난 테일러는 기이한 행보를 보였다. 하버드에 합격하고도 대학에 진학하는 대신 필라델피아에 있는 펌프 공장의 생산 현장에서 일을 시작했고, 펜실베이니아 나이스타운에 있는 미드베일 철강 회사의 기계공을 거쳐 결국 기사장 자리까지 올랐다. 그 와중에 상류층 사교 클럽의 스포츠맨으로도 이름을 날렸다. 1881년에 열린 제1회 전미 테니스 선수권대회에 파트너와 함께 출전해 복식 우승을 차지했고(이 대회에서 직접 디자인한 라켓을 사용했다) 1900년에 열린 올림픽에서는 골프 종목에 출전해 4위에 오르기도 했다.

신사는 소매를 걷어붙이고 땀 흘리기를 두려워하지 않는 법이지만, 그럼에도 테일러는 일터에서 불행했다. 문제는 노동자들을 구워삶아 일을 더 많이 하게 만들려는 그의 행동이 사람들의 경멸을 불러일으킨다는 점이었다. 섬세했던 테일러는 그 사실에 괴로워하며 이렇게 털어놓았다. "어떤 사람에게든 이런 삶은 진절머리가 날 것이다. 종일 마주치는 노동자들의 얼굴에 적개심이 없는 날이 하루도 없다."

테일러는 생산 현장 일을 잠시 쉬는 동안 그전에는 아무도 발견하지 못했던 문제를 발견했다. 바로 단순한 업무더라도 그 일을 끝마치는 방법이 수없이 많다는 사실이었다. 예를 들어 모래를 퍼 담는 일이 있다고 해보자. 노동자는 자신이 가진 도구와 기술을 이용해서 자기만의 속도로 모래를 퍼 담는다. 즉, 여러 명의 노동자들이 똑같이 모래 푸는 일을 하더라도 작업 방식은 똑같지 않다는 얘기다. 어떤 사람은 다른 사람들보다 훨씬 많은 모래를 퍼 담을 수 있다. 표면적으로는 같은 임무가 주어졌고, 똑같은 보상을 받고, 그러므로 사람들은 그들이 대략 엇비슷한 양의 모래를 퍼 담으리라 생각하는데도 말이다.

테일러가 발견한 것은 또 있었다. 노동자들은 무리 가운데 가장 느리고 가장 느긋한 노동자의 작업 속도에 맞추어 일하는 경향이 있었다. 엄청난 양의 모래를 퍼 담을 수 있는 사람도 동료들 앞에서 잘난 체하는 것처럼 보일까 싶어 힘을 다 쓰지 않았다. 테일러는 이러한 현상을 "태업soldiering"이라 불렀고, 거의 모든 곳에서 이 현상이 나타난다고 보았다.

태업은 미루는 행동과 관련이 있다. 가장 느긋한 노동자가 집단 전체의 성과를 저해하는 방식은 미루는 사람이 스스로를 방해하는 방식과 닮아 있다. 나는 테일러가 일터에서 태업하는 "정신이 나태한" 노동자들을 가차 없이 묘사한 글을 읽다가 스스로를 돌아보지 않을 수 없었다. 돌이켜 생각해보면 태업이 내 직업 생활에서 어찌나 큰 지분을 차지하는지, 일하는 내내 공장 작업복을 입고 있어야 했나 싶을 정도다.

고등학교 때 일했던 식료품점에서는 다들 너무 빠른 속도로 사과를 쌓으면 안 된다는 사실을 알고 있었다. 위험한 선례가 될 수 있기 때문이다. 대학 시절에도 수리 기사님 밑에서 손수레로 쓰레기 치우는 일을 하면서, 빠른 속도로 일하면 더 많은 쓰레기를 옮기게 될 뿐이라는 걸 깨달았다. '스피디' 테일러가 이런 내 행동을 봤다면 아마 경악을 금치 못했으리라.

하지만 태업은 지구 어디에나 존재한다는 그의 말은 옳다. 상사에게 저항하고, 농땡이 피우고, 절대로 하면 안 된다는 걸 잘 알면서도 변태처럼 반드시 그 일을 하고 싶은(더 정확하게는, 반드시 해야 한다는 걸 잘 알면서도 절대로 그 일을 안 하고 싶은) 충동은 거의 모든 일터에 존재한다. 노동자들이 경영진에게 가운뎃손가락을 처들고 싶어 하는 일터에서라면 더더욱 그렇지 않겠는가. 태업은 용감한 저항의 수단이 될 수도 있다. 미국 남부의 아프리카인 노예 중 몇몇은 노예를 재산으로 보는 악덕 제도에 순응하는 대신 발을 질질 끌고 느릿느릿 움직여 일을 방해하거나 지연시켰다. 심지어 스스로 독을 먹은 사람도 있었다.

질서에 대한 도전

후기 자본주의와 소비주의를 급진적으로 반대하는 입장 또한 이러한 역사와 맥락을 같이한다. 상황주의 운동*을 이끈 철학자 기 드보르Guy Debord는 1953년, 책도 학술지도 아닌 센 거리의 벽에

---

* 1950~1960년대에 자본주의의 소외에서 벗어나는 방법으로 일상생활의 혁명을 제안한 이념이다.

"Ne Travaillez Jamais(절대로 일하지 말라)"라는 문구를 끼적인 것으로 유명하다.

드보르는 정말로 일을 하지 않았다. 드보르의 전기를 읽다가 알게 된 사실인데, 그의 첫 번째 부인은 그를 먹여 살리기 위해 한동안 '경주마를 위한 별자리 운세'를 쓰기도 했다. 유망한 이력 같아 보이진 않지만, 정말로 일에 반대한다면 입신출세야 뭐 그리 중요하겠는가!

드보르에게 일하지 않는 건 단순히 게으름의 문제가 아니었다. 그것은 질서에 대한 도전이었다. (그의 초기작 중 하나인 《추억 Mémoires》은 사포로 장정했는데, 선반에서 옆에 놓인 책들을 훼손하기 위해서였다.) 어쩌면 누군가는 드보르와 상황주의자들을 구식이라며, 급진적이었던 역사의 한 장면을 보여줄 뿐이라며 무시하고 싶을 수도 있다. 하지만 이들이 주장한 가치 중 일부는 오늘날의 상황에 아무런 의심을 하지 않는 자본가들에게도 여전히 유의미하다.

상황주의자들의 '표류derive' 개념을 예로 들어보자. 표류란 계획도 목적도 없이 도시 공간을 거니는 행위를 의미한다. 의무는 무시되고, 기회가 모험가를 새로운 만남에서 또 다른 새로운 만남으로 이끈다. 연결의 기회, 호기심의 충족, 시간 낭비. 걷기라는 요소만 빼면, 표류는 인터넷에 접속해 이 링크에서 저 링크로 파도를 타는 오후 시간과 매우 비슷하다.

테일러의 '과학적 관리법'

당시 시대를 이끈 리더들은 일을 연구하려면 엄밀한 분석이 필요하다는 테일러의 주장을 매우 진지하게 받아들였다. 테일러의 광팬으로 이후 대법관이 된 루이스 브랜다이스Louis Brandeis는 1910년 테일러뿐 아니라 '동작 연구motion study'*의 선구자였던 프랭크 길브레스Frank Gilbreth와 릴리안 길브레스Lillian Gilbreth의 사상을 통칭하는 '과학적 관리법'이라는 용어를 만들기도 했다. 길브레스 부부는 가족을 돌보는 일에까지 엄격한 통계를 적용했고, 이들이 열두 명의 아이들을 키우며 사용한 엄격한 양육 방식은 이후 〈열두명의 웬수들〉이라는 제목의 소설과 영화의 밑바탕이 되기도 했다.

테일러가 1903년에 발표한 논문 〈공장관리론Shop Management〉에는 다음과 같은 전제가 깔려 있다. 노동자가 혼자서 유능하게 일을 해내리라 믿어서는 안 되며(잊지 말 것, 노동자들은 "정신이 나태하고" "태생이 게으르다") 일의 종류가 뭐든 간에 관리자가 나서서 표준화된 최적의 기술과 속도를 지시해주어야 한다. 모든 일에는 "가장 적합한 단 한 가지 방식"(테일러리즘 및 효율성과 관련해서 자주 등장하는 문구다)이 있는바, 가장 적합한 방식을 찾아내어 그 방식을 노동자들에게 지시하는 경영관리가 모든 것을 결정한다.

---

* 노동자가 일하는 모습을 관찰해 작업 동작을 작은 단위로 나눈 뒤 단순화함으로써 필요 없는 동작과 피로도를 줄이려 했던 연구.

미드베일 철강 회사에 재직할 당시 테일러는 기계실에서 일했다. 벨트로 동력을 얻어 움직이는 거대한 기계들이 기관차의 강철 바퀴를 적당한 크기로 잘라내는 공간이었다. 테일러는 기계의 작동 방식을 연구해 금속을 절단하는 전체 공정을 여러 변수(기계의 형태와 속도, 금속의 종류)별로 나누었고, 각 변수는 수량화하거나 계산 가능한 방정식으로 정리했다. 테일러는 사람의 작업 방식에도 기계와 같은 효율성을 도입하고 싶어 했다. 그는 자신의 임무를 고귀하다고 보았을 뿐 아니라 스스로를 과학을 이용해 노동계급을 계몽하고 기회를 제공하는 선지자로 여겼다.

사실 테일러의 분석이 그리 과학적이었던 건 아니다. 1898년에 일했던 베들레헴 철강 회사에서 그는 철을 싣는 최적의 속도를 알아낸답시고 "덩치 크고 힘센 열두 명의 헝가리인"을 뽑아 16.5톤의 철을 최대한 빨리 실어보라고 했다. 총 소요 시간은 14분이었다. 테일러는 이 시간을 이렇게 저렇게 만져서 '고강도 작업 규칙'으로 공식화한 다음 일과 휴식의 이상적인 비율을 상정했다(짐작했겠지만 엄청난 시간 대 눈 깜짝할 만한 순간의 비율이었다). 거기서 나아가, 그는 자료를 좀 더 다듬어 제대로 동기부여가 된(그리고 끊임없는 감독하에 있는) 노동자는 하루에 철을 71톤까지 실을 수 있다는 결론을 내렸다.

이 모양인데도 테일러의 주장은 과학이 되었다. 이 수치는 베들레헴 철강 회사의 새로운 기준으로 자리 잡았고, 테일러는 노동자들을 장려하고자 기준을 충족시키는 사람에게 더 높은 임금을 주기로 했다. 체제에 협조하지 않는 사람은 물론 해고당했다.

대부분 미국에 온 지 얼마 안 된 이민자로 이루어져 있던 노동자들은 이러저러하게 일하라고 명령하는 테일러와 그의 대학생 조수에게 쉴 새 없이 불평을 늘어놓았다. 훗날 워터타운 무기 공장에서 툴툴대는 소리가 터져 나온 것처럼 말이다. 무기 공장 노동자들은 특히 더 불만이 많았는데, 테일러의 소위 과학적 관리법이 국가 안보에 기여하는 자신들을 모욕한다고 여겼기 때문이다. 테일러가 노동자들의 애국심을 건드린 셈이다. 몇몇이 파업을 주도하고 나섰고, 탄원서에는 테일러의 방법에 대해 이렇게 적혔다. "언제나 정부를 위해 최선을 다하는 우리를 치욕스럽게 한다. 그의 방식은 미국답지 못하다."

무기 공장의 파업은 테일러의 명령을 거부한다는 이유로 해고당했던 노동자가 복직하면서 일주일 만에 막을 내렸다. 파업으로 인해 공장은 미 하원 노동위원회의 조사를 받게 되었고, 이로써 테일러는 국가 앞에서 자신의 관리법을 설명할 기회를 얻었다. 하지만 일은 그의 생각대로 풀리지 않았다.

테일러는 위원회 앞에서 이렇게 말했다. "저는 조금도 주저하지 않고 말할 수 있습니다. 선철 적재의 과학이 너무나도 훌륭하기 때문에, 선철 운반을 직업으로 삼을 만한 육체를 가진 둔감하고 멍청한 사람은 이 과학을 이해할 수 없는 겁니다."

이어 테일러가 자신이 지시한 시간에 맞추지 못하는 노동자를 "노래할 수 있으면서도 노래하지 않는 새"에 비유하자, 한 의원은 격노해서 이렇게 말했다. "우리는 말도, 노래하는 새도 아닌 사람 이야기를 하는 거요. 그들은 우리 사회의 일원이고, 우리 사회는 그들의 이익을 위해 조직된 거요."

조사를 마친 의회는 공장노동자들의 작업 시간을 측정하기 위한 스톱워치 사용을 금지했다.

의회의 금지 명령에도 불구하고 테일러의 아이디어는 뿌리를 내리고 더욱 퍼져나갔다. 워터타운 무기 공장에서 파업이 있었던 바로 그해, 테일러는 《과학적 관리의 원칙》이라는 책을 출간했고, 이 책은 20세기 전반기의 베스트셀러 경영서가 되었다. 오늘날 모든 공항 가판대에서 찾아볼 수 있는 경영 비법 도서의 선조격이라 할 수 있다. 피터 드러커Peter Drucker는 "《연방주의론The Federalist Papers》 이후 미국이 서구 사상에 기여한 가장 영향력 있으며 지속적인 공헌"이라는 말로 이 책을 열렬히 찬양하는가 하면, 프로이트와 다윈과 함께 테일러를 현대사회의 기반을 다진 세 명의 사상가로 꼽기도 했다. 이에 비하면 테일러 본인은 자신의 아이디어를 "정신 혁명"이라고 부르는 정도로 만족했다.

테일러의 주장은 틀리지 않았다. 그의 아이디어는 헨리 포드Henry Ford가 조립라인 시스템을 고안하는 데 영향을 미쳤을 뿐 아니라, 무솔리니Benito Mussolini와 레닌Vladimir Lenin처럼 전혀 연결 고리가 없는 국가 지도자들의 마음을 완전히 사로잡았다. 바이마르 독일은 '합리화Rationalisierung'라는 이름 아래 테일러주의적 효율성과 질서를 국가 경제의 토대로 삼았다. 미츠비시사와 그 밖의 여러 다른 일본 기업은 매우 이른 시기였던 1920년대부터 테일러리즘을 적극 받아들이고 찬양을 그치지 않았다. 1960년대에 테일러의 아들이 일본을 방문하자 도시바사의 중역들은 아버지 사진 좀 줄 수 있겠냐고, 그게 안 되면 그 위대한 인물이 한 번이라도 손에 쥐었던 아무것이라도(아마도 연필?) 좋다고 애원했다.

자기 계발의 내면화

그럴싸하게 역사를 갖다 붙이는 말은 항상 의심하는 편이 좋지만, 일과 시간과 생산성에 대한 오늘날 우리의 태도에 테일러의 영향이 남아 있는 건 사실이다. 우리는 "시간을 가지고도 예산을 세워라"라는 조언을 듣는다. 돈처럼 시간도 현명하게 관리하고 정리하고 이용해야 할 자원으로 생각하라는 뜻이다. (시간을 이야기할 때와 돈을 이야기할 때 사용하는 단어가 이렇게나 비슷하다는 게 놀랍지 않은가? 우리는 시간을 쓰고, 시간을 낭비하고, 시간을 아끼고, 시간을 잃어버린다.) 시간이 곧 돈이라는 말은 너무 진부한 표현이지만, 테일러의 철학을 이보다 더 간결하게 요약하는 것도 없으리라.

우리가 일에서는 물론 사생활의 영역에서까지 생산성과 효율에 집착하게 된 건 애초에 테일러 탓이다. 하긴 일과 사생활을 분리하는 게 여전히 가능한지는 잘 모르겠지만. 흐르는 시간을 인식하는 한, 해야 할 일을 할 시간이 충분치 않다고 느끼는 한, 몸뚱이 하나로 멀티태스킹을 하고 스스로를 위해 메모를 남기며 아이폰의 알림음에 이끌려 이 일에서 저 일로 허둥지둥 넘어가는 한, 우리 모두는 테일러주의가 남긴 유산 속에서 살아가는 셈이다.

평론가 루이스 메넌드Louis Menand는 '모범 기준'이라는 개념이 경영 전문 대학원에서 문화 전반으로 퍼져나갔다고 보았다. 그 결과 우리는 실제 사람이 살아가는 방식과는 거의 상관이 없는, 개인 능력의 이상적인 모습을 내면화하게 되었다. 우리는 이상이라는 가공의 기준으로 스스로를 평가하고, 따라서 당연히 스스로를 부족하다고 여긴다. 누가 시키지 않아도 주기적으로 자신을 평가한 뒤 낙제시키기를 반복한다.

자기 계발의 여명이 밝아온 이래 사람들은 쭉 사생활과 일을 하나로 엮어왔다. 이 분야의 첫 번째 책이라 할 수 있는 새뮤얼 스마일스Samuel Smiles의 《셀프헬프》부터 이미 일을 위해 전면적으로, 그야말로 쉼 없이 헌신해야 한다고 목청을 높인다. 이에 대해 메넌드는 이렇게 말했다. "《셀프헬프》에 나오는 여러 모범 사례에서 공통적으로 보이는 한 가지 놀라운 점은, 사례 속에 등장하는 직업들이 하나같이 인생을 바치길 요구한다는 것이다. 거기엔 직업

생활과 사생활의 분리가 없다. 개인의 안녕과 직업적 성공은 같은 것이며, 이러한 결합이 자기 계발 분야의 주요소가 되었다. 사업의 성공 비결이 곧 삶의 성공 비결이다."

물론 그 비결 중 하나는 시간을 소중한 자원처럼 최대한 활용하라는 거다. 그러므로 미루기, 즉 시간과의 관계에 있어 기능 장애라 할 만한 이 무서운 습관은 곧 성공의 방해물이다. 진실로 자멸적인 인간만이 시간의 경제를 모른다. 이들은 시간을 아끼지 않고, 시간을 현명하게 쓰지도 않으며, 시간의 예산을 세우지도 않는다. 그저 시간을 죽일 뿐이다.

시계 수령님이 말씀하신다

테일러에 관해 읽고 또 읽으면서 내가 어떤 반응을 보였는지는 아마 쉽게 예상할 수 있으리라. 휴머니스트라면 권위주의나 데이터에 기반한 일정표를 반사적으로 거부하기 마련이니까. 하지만 그때 황당한 일이 일어났다. 나도 모르게 스피디 테일러와 스톱워치의 가치를 점차 인정하기 시작한 것이다. 결정을 내리지 못하고 우물쭈물하며 괴로워해본 적 있는 사람이라면 가끔은 누군가 내게 해야 할 일을 알려줬으면 하고 바라게 되는 마음을 잘 알 것이다. 나는 망설이고, 이 선택지와 저 선택지 사이에서 갈팡질팡하고, 그러다 결국 아무것도 안 하느라 삶을 너무 많이 흘려보냈다. 그렇게 살다보니, 스톱워치를 들고 셀프 사보타주 중인 나를 구해줄 권위자가 있는 것도 좋을 것 같았다.

물론 실제로 스톱워치를 들이대는 기분 나쁜 인간과 싸울 필요가 없는 사람만이 이런 멍청한 생각을 할 수 있다. 만약 정말로 내 눈앞에서 할 일을 명령하는 사람이 있었다면 나도 아마 테일러의 무기 공장 노동자들처럼 즉시 저항했으리라. 스케줄이 강제되면 선택지도 제한된다. 그렇다고 스케줄에 저항하는 것(일을 미루는 것)이 늘 용감하고 멋진 행동이라는 얘기는 아니다. 그저 너무나도 인간적인 행동일 뿐.

브루스 베리스퍼드Bruce Beresford의 영화 〈블랙 로브Black Robe〉에서 프랑스 식민지였던 북미 지역 뉴프랑스의 예수회 선교사는 휴런족 인디언에게 '시계 수령님'의 명령에 주의를 기울이라고 가르친다. 여기서 시계 수령이란 말 그대로 차임벨 소리로 언제 공부하고 언제 먹고 언제 기도해야 할지 알려주는 시계를 말한다. 한 장면에서 시계가 차임벨로 시간을 알리자 휴런족 사람들은 신이 나서 이렇게 말한다. "시계 수령님이 말씀하신다!" 이들이 이처럼 야단법석을 떤 것은 시계 문자판이 신의 의지를 표현한다는 믿음 때문이었다.

이제 그 역할은 다른 기계에 돌아갔다. 얼마나 걸었는지를 기록하는 핏비트Fitbit와 소비 칼로리를 측정하는 스마트폰 애플리케이션이다. 무엇을 언제 하라고 지시하는 그 모든 경보와 알람과 땡땡 소리와 징징 진동하는 메시지는 결국 테일러의 표준화 계획의 업데이트 버전일지도 모르겠다. 우리에게도 여전히, 시계 수령님은 말씀하신다.

나는 예전부터 내 작업 습관이 걱정스러웠다. 그러니까, 도무지 작업에 착수하지 못하는 습관 얘기다. 테일러처럼 나 자신의 나태함을 경멸했던 날들이 있었다. 커피를 내리고 문자메시지를 보내고 재즈 베이시스트들에 관한 위키피디아 페이지를 읽으며 몇 시간을, 오후 한나절을 통째로 흘려보낸 날들이 있었다.

대개는 좋은 취지로 하루를 시작한다. 하지만 결국엔 단 한 번의 예외도 없이 산만해지거나 의욕을 잃거나 궤도에서 벗어난다. 그렇게 또 하루를 붙잡지 못하고 흘려보낸다. 작업 시간을 가루로 만들어 줄줄 흘려버리는 이 습관을 떨쳐내는 방법은 없을까?

이 문제로 씨름하는 사람이 나 혼자가 아니라는 걸 안다. 매일매일이 우리에게서 달아난다. 마치 우리 삶 어딘가에 구멍이라도 난 것처럼. 불평 전문가들이 가장 흔하게 늘어놓는 불평 중 하나는 원하는 만큼 불평할 충분한 시간이 없다는 점이다. 사정없이 달라붙어 우리의 시간을 잡아먹는 우리 아이들에게도 어느 정도 책임이 있다. 일은 말할 것도 없다. 영화 〈비버는 해결사〉풍으로 출석 도장을 찍던 나인 투 파이브 루틴에서부터 오늘날에 이르기까지, 일은 마치 얼룩처럼 우리 삶에 스며들었다. 이제 우리는 까

무릇 잠든 밤 침대에서 상사가 보낸 이메일을 받는다.

인터넷이 우리를 획기적으로 연결시켰다는 점을 고려하면, 인터넷은 또한 우리가 일을 더 빠르고 똑똑하고 잘 하게끔 도와줘야 하는 게 옳다. 그리고 실제로 그럴 때도 있다. 하지만 인터넷 기술은 우리 정신을 쏙 빼놓는 데 선수이기도 하다. 이 책을 읽는 당신도 무슨 상황인지 잘 알 것이다. 자, 밤사이에 온 이메일을 확인하러 커피 한 잔을 들고 자리에 앉는다. 메일함이 어서 나를 깨끗이 비우라고 손짓한다. 누군가가 당신이 살펴봐주길 바라며 보내놓은 링크가 있다. 이 첫 번째 링크는 빛과 같은 속도로 다음 링크로 넘어간다. 최소한 첫 번째 링크는 미약하게나마 본업과 관련이 있었지만, 두 번째 링크부터는 완전히 오락용이다. 말인즉슨, 저항하기 훨씬 어렵다는 뜻이다. 따라가야 할 또 다른 링크, 물어야 할 미끼, 반드시 클릭해야 할 황홀한 헤드라인("당신이 꼭 봐야 할 셀러브리티 16인의 이상한 요가 바지!")은 늘 있다.

한숨 돌릴 때쯤 되면 어째서인지 점심시간이다.

하지만 이 루틴에는 아직 오후가 남아 있다. 소진된 듯 늘어지는 공허한 오후. 이 무기력한 느낌은 '아세디아acedia'와 사촌지간이다. 아세디아란, 세계에 흥미를 갖지 못하는 무능력을 뜻한다. 3D나 가상현실 같은 몰입형 기술immersive technology은 문자 그대로 우리를 기계에 푹 빠지게 만들었다.

디지털 감독관

한번은 친구 로라가 내게 도움이 필요하다는 이야기를 듣고 내 노트북을 가져가버렸다. "컴퓨터를 재설정"해주겠다는 얘기였다. 내가 빈둥대길 잘하는 것만큼이나 로라는 일을 잘하는 사람이라 나는 로라가 하자는 대로 기꺼이 따랐다. 로라는 메시지 알림음이 덜 울리도록, 그래서 정신이 산만해질 위험이 줄어들도록 컴퓨터를 재설정해주었다. 내 생각에도 좋은 아이디어였다. 하지만 컴퓨터 설정을 바꾸자 나는 시무룩해져버렸다. 그동안은 미루기를 존재의 위기로 여기며 즐거워했는데, 이게 한낱 IT 인터페이스 문제 따위로 격하되다니. 그 모든 자기 성찰과 자기 회의가 정말 컴퓨터를 재설정하는 것만으로 사라질 수 있다고? 마치 불면증 환자가 초조함이 극에 달해 병원에 갔다가 매일 밤 자기 전에 따뜻한 우유 한 잔을 마시라는 이야기만 듣고 온 꼴이었다.

내 작업 습관을 개선시키려는 노력 차원에서 로라는 컴퓨터가 30분마다 시간을 알려주게끔 설정해두었다. 컴퓨터는 스티븐 호킹Stephen Hawking이 사용한 기계와 비슷한 소리를 냈다. "2시입니다." 가짜 스티븐 호킹이 시간을 공표하고 몇 분 지나지도 않은 것 같은데, 온라인으로 사랑스러운 코기 사진 좀 봤을 뿐인데, 가짜 스티븐 호킹이 또다시 시간을 공표했다. "2시 30분입니다." 컴퓨터가 시간을 선언하며 내게 보내는 메시지는 분명했다. "또 하루가 사라져감. 넌 망하는 중."

어릴 적 주말 밤마다 느꼈던 공포를 매일 다시 체험하고 있다는 사실을 깨닫지 않을 수 없었다. 일요일 오후가 일요일 밤이 되면서 또 한 번의 주말이 희미해져가고, 곧 학교에 가서 영혼을 다치며 내 의무를 다해야 한다는 기분 나쁜 두려움이 다음 주말이라는 희망찬 약속을 밀어내던 때. 가짜 스티븐 호킹은 동기부여는 커녕 노트북을 창문 밖으로 던져버리고 싶게 만들었다.

당시 내가 핏비트를 사용하고 있었던 것도 문제였을지 모르겠다. 핏비트는 내가 하루에 얼마나 걸었고 칼로리는 얼마나 소모했는지 측정해주는 일종의 디지털 감독관이다. 핏비트를 사용하는 건 꽤 괜찮은 아이디어 같았다. 내 아내도 핏비트를 샀다는 사실만 빼면.

우리는 경쟁하기 시작했고, 상대방보다 더 많이 걷는 데 집착했다. 나는 원래 산책하던 루트에서 벗어나 매일 걸음 수를 늘려갔고, 아내가 놀라겠지 하는 생각에 설렘을 느끼며 내가 얼마나 더 많이 걸었는지 꼭꼭 알려주었다. 하지만 당연히 아내 또한 자기가 원래 산책하던 루트에서 벗어나 걸음 수를 늘려갔고, 나보다 많이 걸은 날이 많았고, 나도 어쩔 수 없이 더더더 많이 걷게 되었다. 흡사 보행자들의 냉전기였다. 불안에서 비롯된 의미 없는 군비 경쟁.

나는 기진맥진해질 때까지 하루 종일 걷고 또 걸었고, 덕분에 일을 포함한 다른 활동을 할 시간이 거의 없었다. 내가 해야만 하는 중요한 일 가운데 핏비트 경주에서 아내를 무찌르는 것보다 더 중요한 건 없었다. 다른 의무는 뒤로 미뤄야 한다고 생각했다. 내가 하고 있어야만 하는 일을 하기에 앞서 몇 킬로미터를 더 걸어야 했다.

테일러처럼 내 하루에 규칙을 부여해주리라 기대했던 핏비트가 오히려 미루는 습관을 부추겼다는 사실이 아이러니해 보일 수도 있다. 하지만 나는 핏비트에게 너무 많은 책임을 지우고 싶지도, 핏비트를 비난하고 싶지도 않다. 진실은 이것이다. 미루기로 마음을 먹으면 미루기를 합리화하는 데 그 어떤 장치도 필요치 않다. 다른 많은 미루기 전문가들처럼 나 또한 스스로 동기를 부여할 줄 아는 강력한 게으름뱅이다.

해야 할 일과 의무를 상기시키는 디지털 알람과 경보, 자극의 세상에서 살아가기란 미루는 사람에게 쉽지 않은 일이다. 이런 장치를 생각해내는 사람들은 이걸 "확장된 의지extended will"라고 부른다. 스스로를 들들 볶거나 교묘하게 속여 행동에 나서게 만드는 전략이라는 뜻이다.

어떤 전략은 심리를 이용한다. 예를 들면 좋아하는 활동과 극도로 싫어하는 활동을 하나로 묶거나, 작은 방에서 지루함을 참으며 일을 하는 동안 이 일로 벌게 될 돈의 액수를 떠올리는 거다. 자기 자신을 일감 앞으로 날려 보낼 '슈트'를 제작하듯 주변 환경을 바꾸는 전략도 있다. 예를 들면 해야 할 일이 있을 경우 전날 밤 필요한 것을 모두 준비해놓고 다음 날 일어나자마자 그 일을 해치우는 식이다.

확장된 의지가 필요하다는 건 곧 평범한 전통적 의지로는 일을 할 수 없다는 뜻이기도 하다. 의지의 지위가 예전 같지 않다. 아마 너무나도 많은 사회과학 연구가 우리가 얼마나 자기통제에 형편없는지를 증명하고 있기 때문일지도 모른다. (누가 마시멜로를 받게 될지를 찾는 데 혈안이 된 학회만 500개쯤 될 것 같지 않은가? 앞으로 이런 단체를 마시멜로 산업 복합체라고 부르기로 하자.)

의지를 발휘하면 할 일을 할 수 있다고 생각하는 건 기분 좋은 일이다. 하지만 의지에는 몇 가지 문제가 있는 것으로 밝혀졌다. 심리학자인 로이 바우마이스터Roy Baumeister는 의지가 근육과 같아서 계속 사용하면 늘어나고 사용하지 않으면 줄어든다고 보았다. 그러니까 당신의 의지는 필요할 때 당신을 위해 준비되어 있을 수도 있고 없을 수도 있다는 얘기다. 게다가 저기 저쪽에 있는 다른 자유의지들은 어쩐단 말인가. 그중 일부가 내 자유의지와 경쟁하기로, 날 방해하기로 결심한다면? 내 자유의지는 원치도 않았는데 그들과 충돌하게 된다. 그 결과는? 어떤 자유의지도 원하는 것을 얻지 못한다.

시간에 대한 새로운 태도

이 세상에 처음 등장한 공용 시계는 14세기 이탈리아반도의 마을 곳곳에 세운 남근 탑에 달려 있었다. 이 시계들은 떠오르는 도시 국가들이 권력과 위신, 교역, 돈을 놓고 치열하게 벌이던 경쟁 속에서 탄생한 것이라 할 수 있다. 명성을 떨치고자 하는 도시라면 반드시 더 커다랗고, 더 높고, 더 시끄럽고, 더 잘 만든 시계가 있어야 했다. 도시 간 권력 경쟁은 누가 가장 높고 인상적인 시계탑을 세우는지를 두고 벌이는 경쟁으로 이어졌다. 심지어 지금도 이탈리아에는 "이탈리아에서 가장 아름다운 시계"가 있다고 주장하는 도시가 최소 여섯 개는 있다.

얼마 안 가 고용주들은 시간을 알려주는 신기술, 즉 시계를 자기 목적에 맞게 이용하기 시작했다. 경영주가 고용인의 노동시간을 규제하는 수단으로 시계를 처음 사용한 건 역시 15세기 이탈리아에서였다. 마조레 호수 근처에 위치한 한 대리석 채석장이 1418년 처음으로 시계를 갖게 되었다. 노동자들이 근처 레몬나무 숲에서 풍겨 오는 관능적인 향기에 파묻힌 채 밀라노의 대성당으로 실어 갈 대리석을 절단하던 곳이었다. 수도원의 시계가 수도사의 신앙생활을 통제하고 마을의 공용 시계가 당시 부상하던 상인계급의 영업시간을 통제했듯, 채석장의 시계는 채석장 노동자들의 노동시간을 통제했다.

시계가 우리의 가치를 결정하기 시작한 것도 이 무렵이었다. 시계탑이 등장하자마자 사람들은 시간에 대해 새로운 태도를 갖게 되었고, 이어 시간을 현명하게 활용해야 할 필요성이 생겨났다. 시에나의 캄포 광장에 위치한 만자의 탑Torre del Mangia은 몹시 게을렀던 한 종치기의 별명에서 그 이름을 따온 것으로 전한다.

이 종치기의 별명은 만자구아다니Mangiaguadagni로 이는 '이윤을 잡아먹는 자', 즉 시간 포식자라는 뜻이다. 이 시계탑에 전해 내려오는 교훈적인 이야기에 따르면, 만자구아다니는 제멋대로 살다가 종치기 자리를 잃었고, 그를 대신하여 시계탑은 황동으로 된 기계식 종소리 설비를 갖추었다. 만자구아다니는 생산성 증가와 기계화라는 명목하에 일자리를 잃은 역사상 첫 번째 노동자인지도 모른다.

불만을 표했던 워터타운 무기 공장의 노동자들처럼, 우리 대부분은 정해진 시간표와 스케줄에 따르다보면 그만큼 개성과 인간성을 잃을 수밖에 없다는 사실을 잘 알고 있다. 하지만 이 세상에서 살아남으려면 때로는 타협해야 한다는 사실도 안다. 우리가 하는 것, 우리가 하기를 미루는 것, 우리가 언젠가 하기로 계획하는 것, 이 모든 것들이 우리를 정의한다. 우리가 왜 그 일을 하고 있거나 하지 않고 있는지 스스로도 온전히 이해하지는 못하더라도 말이다.

미루기 선수에다 마감을 휴지 조각 취급하곤 했던 레오나르도

다빈치가 〈비트루비안 맨L'Uomo Vitruviano〉*을 스케치한 건 시계탑이 세워지기 시작한 시기에서 불과 몇 십 년이 지난 때였다. 레오나르도는 인체의 이상적인 비례를 정의하고 묘사하고자 했다. 그림 속 남자는 팔을 쭉 뻗은 채로 원 안에 들어가 있다.

그는 꼭 시계를 닮았다.

---

* 우리에겐 '인체 비례도'라는 이름으로 더욱 잘 알려져 있다.

Soon

6장

천재성의 원천

리히텐베르크의 거래 장부

내일이 더 낫다Cras melior est.
— 리히텐베르크 소사이어티의 모토

18세기가 끝나갈 무렵의 수십여 년 동안, 독일 니더작센주의 도시 괴팅겐에서 산책을 하는 사람들은 고트마어 거리에 위치한 반목조 건물의 꼭대기 층에서 이쪽을 내려다보는 한 남자를 알게 되었다. 그는 바로 유럽 계몽주의 시대의 슈퍼스타 지식인, 게오르크 크리스토프 리히텐베르크Georg Christoph Lichtenberg였다.

1760년대에 괴팅겐 대학에서 선풍적인 인기를 끌었던 강연자이자 과학계의 쇼맨이었던 리히텐베르크는 오늘날 전 세계를 돌아다니는 유명 석학의 18세기 버전이라 할 수 있다. 괴테Johann Wolfgang von Goethe와 칸트Immanuel Kant, 알레산드로 볼타Alessandro Volta가 속한 지식인 모임의 일원이었고, 유럽 전체에서 학생과 추종자를 끌어모으는 과학 실험의 베테랑이었으며, 영국 국왕과 격의 없이 지내는 말벗이기도 했다. 계몽주의 시대에 테드 강연이 있었다면 리히텐베르크는 아마 가발과 무선 헤드세트를 착용하고 무대 위를 휘저었으리라.

외모만 보면 왜소하고 곱사등이었지만 리히텐베르크는 흡사록 스타나 마찬가지였다. 강의실은 그를 보기 위해 멀리서 괴팅겐까지 찾아온 방문객으로 늘 미어터졌다. 괴팅겐 대학이 그를 채용한 건 그의 풍부한 과학 지식 때문이기도 했지만 그의 카리스마와 명성, 쇼맨십이 다른 학자들을 끌어모았기 때문이기도 했다.

리히텐베르크의 삶은 아이디어와 열정으로 흘러넘치는 것 같았다. 하지만 바로 그것이 한편으로는 문제가 되었다. 리히텐베르크는 자신의 에너지를 절대로 한곳에 모을 수 없는 사람이었다. 어쩌면 애초에 별로 집중하고 싶지 않았던 건지도 모르겠다. 그의 연구는 거듭해서 새로운 발견의 토대가 되었으나 결국 다른 사람의 앞길만 닦아놓는 데 그치곤 했다. 일례로 리히텐베르크는 몽골피에Montgolfier 형제가 처음 열기구 띄우기에 성공하기 몇 년 전 이미 열기구의 과학적 근거를 입증해놓고도, 정작 땅에서 발을 떼려고 시도한 적이 단 한 번도 없었다.

리히텐베르크는 헨리 필딩Henry Fielding의 《톰 존스》 스타일로 소설을 쓸 거라는 말을 자주 했다. 하지만 소설 쓸 시간이 없었다. 그에게는 언제나 해야 할 강의와 써야 할 편지, 나가야 할 산책이 있었다. 쉰여섯의 나이로 죽음을 맞이하기 전까지 그가 쓴 소설이라곤 겨우 몇 페이지에 불과했다.

리히텐베르크는 이 일 저 일에 조금씩 손을 댔다. 광범위한 지적 호기심은 그의 매력이기도 했고 특별한 자질이기도 했다. 그는 천문학과 수학, 측지학, 화산학, 기상학, 실험물리학 강의를 했다. 영국 화가 윌리엄 호가스William Hogarth의 작품에 관해 일종의 미술 비평문을 저술했고, 우리가 심리학이라 부를 법한 내용의 짧은 에세이를 썼다. 때로는 이 일 저 일 사이를 왔다 갔다 할 뿐 한 가지 일에 고집스럽게 몰두하지 못하는 스스로에게 좌절하는 일을 했다. 그의 일기에는 이러한 후회가 명백하게 남아 있다. "몽골피에가 발견한 게 거의 내 손 안에 있었는데!" 자기 이마를 세차게 때리는 듯한 안타까움이 느껴지지 않는가.

산만함은 천재성의 원천

리히텐베르크가 남긴 업적에서도 미루는 습관의 흔적을 발견할 수 있다. 그가 정전기학에서 이뤄낸 위대한 발견은 연구에서 잠시 손을 떼고 실험실 장비를 정리하다가 나온 것이었다(일을 미루는 사람이라면 쉽게 공감할 회피 행동이다). 잠깐 사정을 설명하자면, 그에 앞서 그는 지름이 180센티미터가 넘는 금속판인 전기쟁반을 만들었는데, 친구 볼타가 이 전기쟁반을 대중화하고 이것을 이용해 정전하를 일으킨 바 있었다. 그러고서 어느 날 리히텐베르크는 아마도 일을 미루기 위한 명분(그 내용이야 물론 중요치 않다)을 찾으며 과학 장비들을 과학실 이리저리로 옮기던 중, 전기쟁반에 붙은 먼지가 (그의 표현에 따르면) "특정 지점에 별처럼" 무리를 이루고 있는 것을 발견했다. 전기쟁반을 깨끗하게 쓸어낸 후에도 먼지는 다시 같은 패턴으로 되돌아갔다. 라이덴 병을 이용해 전기쟁반을 충전하자 스피로그래프*의 무늬 같은 더욱 파격적인 패턴이 나타났다. 리히텐베르크는 전기쟁반에 나타난 패턴을 종이 위로 옮기는 방법까지 알아냈다.

이것이 그가 우연히 발견한 정전기인쇄의 원리였다. 리히텐베르크는 마치 예술가처럼 미세한 가루로 패턴을 본떠 아름다운 이미지들을 만들어냈고, 그 이미지를 유리 안에 보존했다. 어떤 건 아직까지도 남아 있는데, 꼭 창고 세일에서 1달러 이하 품목만 모아놓은 박스에 있을 법하게 생겼다. 쿨한 답례용 선물로 제격이다. 체스터 칼슨Chester Carlson이 그간 누적된 과학적 진보와 리히텐베르크의 발명을 이용해 제로그래피**를 개발한 건 그로부터 두 세기가 지난 1938년이었다.

리히텐베르크가 에너지를 한곳에 집중하지 못했다는 사실(이

---

* spirograph. 플라스틱으로 된 톱니바퀴 형태의 도형자. 톱니바퀴의 구멍에 볼펜을 넣고 따라 그리면 복잡한 기하학적 모양을 그려 나갈 수 있다.
** xerography. 정전기와 광전효과를 조합한 전자 복사 방식으로, 오늘날 널리 사용되는 복사기의 시초가 된 기술이다.

제부터는 탁 터놓고 "그가 일을 미뤘다"라고 표현하겠다)은 그가 과학사에서 그리 유명하지 않은 이유를 설명해준다. 리히텐베르크가 오늘날 사람들에게 기억된다면 그건 과학자로서가 아니라 격언 작가로서다.

그는 1765년부터 1799년까지 34년 동안 "주델뷔허Sudelbücher", 즉 "거래 장부"라고 불렀던 공책에 자신이 관찰한 내용과 짧은 농담, 순간 떠오르는 생각, 마음에 안 드는 평론가에 대한 뒷담화("그 사람은 평론을 쓸 때마다 거시기가 엄청 단단해진다는 얘기를 들었다…")를 적어놓았다. 거래 장부는 본래 18세기 상인들이 더 튼튼한 공식 거래 대장에 옮겨 적기 전에 거래 내용을 기록해두던 임시 노트를 의미했다. 리히텐베르크는 메모와 단상, 이런저런 정보로 자신의 거래 장부를 가득 채웠다. 언젠가 출판하겠다는 의도는 눈곱만큼도 없었다. 하지만 오늘날 사람들은 그 공책으로 리히텐베르크를 기억한다. 그에게 후세의 관심을 끄는 면이 있다면, 그건 전부 사후에 출간된《거래 장부Sudelbücher》의 재치 덕이다.

책 속의 익살스러운 이야기들은 훗날 수전 손태그Susan Sontag나 비트겐슈타인Ludwig Wittgenstein 같은 작가 및 철학자들에게 영향을 미쳤으며, 실제로 비트겐슈타인이 말년에 남긴 아포리즘적 작품에는 리히텐베르크의 유산이 남아 있다. 니체Friedrich Nietzsche와 키르케고르Sören Kierkegaard, 쇼펜하우어Arthur Schopenhauer도 틈만 나면《거래 장부》를 극찬하곤 했다.

하지만 리히텐베르크가 살아생전 출판했거나 이름을 날린 업적(과학, 여행기, 미술비평)은 오늘날 거의 기억되지 않는다.

가능성을 품은 씨앗

아포리즘은 리히텐베르크에게 잘 맞았다. 아포리즘은 미루는 사람들에게 최적화된 글쓰기 형태다. 더욱 정교하게 다듬거나 발전시키거나 입증할 필요 없이 갑자기 떠오른 성찰을 그대로 표현하면 되기 때문이다. 격언 작가에게 있어 말을 정교하게 다듬는 작업은 모든 걸 망칠 뿐이다. 리히텐베르크만큼이나 금언을 많이 남긴 비트겐슈타인은 논거는 통찰의 아름다움을 버려놓을 뿐이라고 했다. 증거로 통찰을 뒷받침하려는 건 흙 묻은 손으로 꽃을 더럽히는 것과 같다. 이게 바로 비트겐슈타인이 활용한 이미지였다. 내버려두는 게 더 낫다.

리히텐베르크는 열심히 일했지만 절대로 열심히 일하는 것처럼 보이고 싶어 하지 않았다. 내 생각에 그는 성취 자체를 싫어했다기보다는 특정 방식으로 이룬 성취만 가치 있다고 생각했던 것 같다. 그는 지적인 면에서 스프레차투라sprezzatura, 그러니까 어려운 것을 쉽게 해낸 듯이 보이는 능력을 추구했다. 본인의 노고를 드러내는 건 무성의해 보이는 효과를 망칠 뿐이다.

비트겐슈타인처럼 리히텐베르크도 식물을 예로 들어 자신의 작업을 설명했다. 그는 거래 장부에 있는 글을 "알맞은 땅 위에 떨어지면 한 챕터, 어쩌면 온전한 한 편의 글로 자라날 수 있는" 씨앗에 비유했다. 거래 장부의 글들은 마치 씨앗처럼 자그마했지만 가능성으로 가득 차 있었고, 한 그루 나무로 뻗어나갈 잠재력이 있었다. 리히텐베르크가 알고 있었듯 거기 적힌 글들은 그 자체로 특별하진 않았지만 안에 특별함을 품고 있을지도 모를 일이었다.

리히텐베르크의 삶은 모순적이었다. 이 일 저 일에 조금씩 손을 댔고 가장 부지런히 힘써야 할 지점에서 머뭇거렸다. 하지만 본인이 생각하기에 너무 하찮아서 출판할 수 없을 거라 여겼던 작업은 오늘날까지 이어져 큰 영향력을 떨쳤다. 뿌리를 내린 셈이다.

동화 속에서 씨앗은 콩나무로 자라나 마술처럼 하늘까지 이어진다. 콩나무의 끝에는 위험이 도사리고 있지만 거기에는 보물도 있다. 씨앗이 이미지로 활용되는 경우엔 대개 개인의 도덕적 선택과 그로 인한 결과를 나타내곤 한다. 희곡 〈세일즈맨의 죽음〉 속에서 주인공 윌리 로먼이 가꾸는 황량한 정원은 그의 절망을 상징한다. 구약성서에서 오난의 체외 사정은 자기 가문에 대한 배신으로 여겨져 처벌받았다. 오난의 생식력과 가문 남성들의 생식력에 가문의 생존이 달려 있기 때문이다. 이런 맥락에서 씨를 그저 흘려버리는 것은 변태적 행위라기보다 무책임한 범죄에 가까우며, 미루는 행동 또한 이와 비슷한 이유로 비난받는다.

리히텐베르크는 자신에게 미루는 행동이 반드시 필요하다는 걸 알면서도 이러한 습관을 개탄했다. 그는 살아 있는 내내 거의 늘 아팠다. 혹은, 아프다고 생각했거나. 어떤 이는 그를 "건강염려증계의 콜럼버스"라고 불렀다. 리히텐베르크는 이렇게 썼다. "나는 사람들이 내가 몹시 바쁠 거라고 생각할 때에도 쉬지 않고 몇 시간이나 몽상하며 온갖 종류의 환상을 떠올리곤 한다. 여기에는 시간을 낭비하게 된다는 단점이 있다." 하지만 몽상은 꼭 필요했다. 그는 몽상을 "환상-치료"라고 불렀고 몽상이 스파나 온천에 가는 것만큼 효과적이라고 생각했다.

리히텐베르크는 무언가 해야 할 일이 있을 때 정말 놀라운 다른 일을 해내는 부류의 사람이었다. 산만함은 천재성의 원천이었고, 그 자체로 하나의 씨앗이었다.

미루기 천재의 자취를 찾아서

18세기 독일과 영국은 한동안 파이프라인으로 이어져 있었다. 이 라인을 통해 유럽 대륙의 지식인들이 영국으로 넘어갔고, 영국은 보답으로 변변찮은 귀족들을 독일로 보내 교육시켰다. 전하는 이야기에 따르면 19세기가 될 때까지 괴팅겐에서는 하노버 왕가 사람들이 쓰는 사투리가 심심찮게 들렸다고 한다. 이 하노버 왕가 사람들이야말로 오늘날 전 세계 공항과 하얏트 호텔에 가면 사방 팔방에서 튀어나오는 영국인들의 선조인 셈이다.

리히텐베르크가 괴팅겐에서 가르치던 학생 중에는 젊은 영국 귀족도 있었다. 이들은 리히텐베르크에게 너무나도 큰 감명을 받은 나머지 계획을 세워 그의 영국 방문을 주선했다. 하노버 왕가 출신이었던 조지 3세도 리히텐베르크를 무척 좋아하게 되었는데, 그와 있으면 독일어로 대화할 수 있기 때문이기도 했지만 무엇보다 리히텐베르크가 궁정에 지적인 분위기를 가미해주었기 때문이다. 리히텐베르크는 왕과 함께 리치먼드 천문대를 구경하러 가는 등 꽤나 막역한 사이가 되었다. 이 독일인 교수님과 대화를 나누고 싶은 나머지 조지 3세가 연락도 없이 리히텐베르크의 집을 방문할 정도였다.

나는 괴팅겐에 가보기로 결심했다. 리히텐베르크가 살던 집에도 가보고 지역 주민에게 쓸 만한 이야기를 들어볼 작정이었다. 하지만 독일어 까막눈이라는 게 마음에 걸렸다. 독일로 떠나기 전 독일어 수업을 받겠다는 잠정 계획을 세웠다. 계획이 아니라 '잠정 계획'인 것은, 오로지 생각만 했기 때문이다. 독일어 선생님을 찾아야지. 돈이 좀 필요한 대학원생이면 괜찮을 거야. 하지만 독일어 선생님을 찾기 위해 실제로 한 일은 하나도 없었다. 기껏해야 제2외국어 학습이 정신 건강에 미치는 영향에 관한 온라인 기사를 읽고 또 읽었을 뿐. 기사는 내용이 비슷한 다른 기사로 나를 이끌었고, 그중에는 미국의 언어 교육이 부끄러울 만큼 뒤처져 있다는 기사도 있었으며, 마침내 미국이 외국어에 갖고 있는 역사적 반감에 관한 에세이에 이르렀다(실제로 1920년대에 네브래스카주에는 외국어 교재를 금지하는 법이 있었다). 기사를 다 읽자 미국인을 비난하고 싶어졌다. 물론 나도 독일어 수업을 미루려는 핑계로 기사를 읽고 있었지만. 일 미루는 사람의 전형적인 행동 패턴이었다. 다른 나라의 언어를 배워야 할 필요성에 관한 기사를 읽으며 시간을 보내는 행동이 다른 나라의 언어를 배워야 할 필요성으로부터 나를 구해준 것이다.

결국 독일어 배우기에 실패한 나는 독일에서 보낸 짧은 시간 동안 몰이해라는 껍데기에 싸인 채 지냈다. 프랑크푸르트에서 괴팅겐으로 향하는 열차에서 흘러나오는 수많은 독일어 안내 방송을 하나도 이해할 수 없었다. 그리고 그 몰이해는 놀라울 정도로 자연스럽게 피해망상으로 이어졌다. 독일어에는 뭔가 문제가 있었다(물론 문제는 내게 있다는 걸 알고 있다). 누군가가 계속 고함을 치며 나를 야단치는 것 같았다. 기차역에서 흘러나오는 모든 안내 방송이 구체적으로 밝힐 수 없는 범죄를 저지른 죄로 너를 곧 체포할 거라는 공식 통보처럼 들렸다.

기차에선 아무도 나에게 말을 걸지 않기를 간절히 바랐다. 기차의 안내원도, 검표원도, 프레첼 판매원도. 나는 아직 독일어로 대화를 나눌 준비가 안 되어 있었다. 기차에 있는 내내 독일어-영어/영어-독일어 회화 책을 팔랑팔랑 넘기며 시간을 보내긴 했다.
만약의 상황을 대비해 "나는 미국인입니다. 가장 가까운 화장실은
어디입니까?"라고 말하는 법을 찾아보면서.

창문 밖으로는 유서 깊은 독일 시골 마을이 펼쳐졌고, 드문드
문 진짜 성이 나타났다. 고색창연한 풍경에 나는 한층 혼란스러
워졌다. 저기 저 터벅터벅 퇴근하는 사람들에 비하면 기차는 너무
번드르르하고 깨끗하고 빠르고 미래지향적이었다. 기차의 속도가
점점 빨라질수록 과거를 향해 달려가는 느낌이 들었다. 하인리히
10세가 살던 시대로, 오토대제의 시대로, 이제는 잊혀버린, 소심
한 카롤링거 시대로. 과거와 미래가 기묘하게 뒤섞여 있었다.

괴팅겐 거리 염탐하기

괴팅겐은 아주 오래된 도시다. 오래된 건축물이라 하면 20세기 중
반에 지어진 쇼핑몰을 떠올리는 나 같은 미국 중서부인에게 이 도
시는 트로이나 다름없었다. 괴팅겐은 제2차 세계대전 당시 연합
군의 폭격을 피할 수 있었기에 오늘날에도 이곳에서는 1300년대
에 지어진 집과 건축물을 만나볼 수 있다. 투름 거리에는 한때 괴
팅겐을 에워싸고 있던 중세 시대의 벽 일부가 여전히 남아서 오늘
날 동네 한량들이 맥주를 마시거나 지나가는 사람들을 괴롭히고

싶을 때 가장 즐겨 찾는 곳으로 활용되고 있었다. 도시의 유구한 역사도 역사거니와, 어디를 가든 자전거를 타고 다니는 멋진 외모의 대학생들도 매력적이었다. 적어도 나는 매력적이라 생각했다. 하지만 나와 달리 리히텐베르크는 괴팅겐을 "끔찍한 구멍"이라고 불렀다. 아마 이 도시에 사는 사람이었기에 그토록 박한 평가를 내릴 수 있었을 것이다. 리히텐베르크는 친구 볼타의 고향인 이탈리아로 이민을 가겠다고 입버릇처럼 말했지만 결코 실제로 가는 일은 없었다. 그도 이탈리아어를 못 한다는 사실에 겁을 먹었던 게 틀림없다.

리히텐베르크가 괴팅겐에 남아 보여준 의리는 결국 그를 기리며 우뚝 솟아 있는 여러 개의 기념비로 보상받았다. 약 여섯 세기 전 대학 도서관으로 이용되었던 파울리너 교회 옆에는 벤치에 앉아 있는 리히텐베르크의 동상이 있다. 그는 마치 윌리엄 버클리*처럼 다리를 꼰 채 학생들과 대화를 나누고 있는데, 가발의 포니테일이 길게 늘어져 있어서 툭 튀어나온 등은 잘 안 보인다.

여기서 몇 블록 떨어지지 않은 성 요하네스 교회 뒤로 가면 등을 꼿꼿이 세우고 서 있는 그가 있다. 키는 150센티미터가 겨우 넘고, 여기서도 등의 혹은 크기가 꽤 작다. 실제로 리히텐베르크는 체구가 어찌나 자그마했는지 저녁 먹을 때면 의자에 책을 쌓

---

* William F. Buckley. 앉을 때마다 한껏 다리를 꼬았던 미국의 보수파 언론인.

아두고 그 위에 앉아야만 식탁 높이에 맞았다고 한다.

괴팅겐은 이곳에 사는 과학자들을 아낀다. 아니, 적어도 지금은 그렇다. 1930년대에 나치는 괴팅겐 대학이 불명예스러운 "유대인 물리학"의 중심지라고 판단했고(수리 공기역학 같은 분야가 이 대학에서 많이 연구되고 있었다), 거의 학부 전체가 미국이나 영국으로 달아나야만 했다. 오늘날 괴팅겐의 거리에는 대개 나치에게 박해받은 사상가들의 이름이 붙었고, 오래된 건물에는 어떤 지식인이 이 건물에 살았었는지 알려주는 명판이 달려 있기도 하다.

나처럼 가능한 한 오래 기다렸다가 여행 계획을 짰을 때 발생하는 결과 중 하나는(그러니까 미루기의 대가 중 하나는) 여행지에 도착해서도 어디서 밥을 먹을지, 누구와 함께 밥을 먹을지 전혀 알 수 없다는 점이다. 미리 식사 약속을 잡을 기회는 이미 날아가고 없다. 어쩔 수 없이 나는 호텔 바로 옆에 있는 이탈리안 레스토랑으로 혼자 저녁을 먹으러 갔다. 들어가서 바처럼 보이는 곳에 자리를 잡고 앉았는데, 알고 보니 그곳은 주방 직원들이 쉬면서 담배를 피우는 다목적 보조 공간이었다. 실수를 알아차린 시점엔 이미 너무 부끄러워서 정식 손님 자리로 옮겨달라고 부탁할 수가 없었다. 그래서 이제는 바가 아니라는 게 너무나도 명백한 이곳에서 참고 견뎌보기로 했다. 가끔씩 설거지 담당 직원이 담배를 피우러 나와서는 왜 저 미국인은 휴게실에서 밥을 먹고 있을까 궁금해하는 눈초리로 나를 바라봤다.

그날 밤 만난 가장 상냥한 모습은 매니저의 친구가 데리고 온 착하고 다리가 짧은 개의 얼굴이었다. 개는 매니저가 친구와 수다를 떠는 동안 내 곁에 있어 주었다. 나는 만화 속 개 캐릭터의 목소리로 그 개에게 말을 걸고 슬쩍 전채 요리를 건네주며 잠시 즐거운 시간을 보냈다. 주방 직원들도 이 개를 잘 알고 있는 듯, 한 명씩 나와서 개를 쓰다듬어주거나 놀아주고 개 얼굴에 코를 마구 비볐다. 다들 꽤나 귀여웠다. 물론 손으로 개털을 만지던 이 사람들이 내 다음 코스 요리를 만들 거라는 생각에 이르렀지만 문제될 건 없었다. 개털은 음식을 더욱 맛있게 만들 뿐이다.

괴팅겐에 머무는 동안 한 번도 독일어를 써보지 못했다. 어느 정도는 나의 무능력 때문이었고, 어느 정도는 내가 만난 독일인들이 나보다 영어를 훨씬 잘했기 때문이었다. 어느 날 아침에 광장에서 열린 주말 시장을 돌아보며 대화 상대를 찾을 때도 그랬다. 나는 리히텐베르크에 관해 이야기를 나누고 싶었지만 내가 말을 건 지역 주민들은 데이비드 포스터 월리스David Foster Wallace나 미국 정치인에 관해서만 물었다. 독일어로든 영어로든 당혹스러운 주제였다.

내가 괴팅겐 주민과 제대로 교류하지 못한 것에는 그만한 이유가 있다. 리히텐베르크는 주장하기를, 사람들과 교류하기보다는 사람들을 구경하는 게 훨씬 편안하다고 했다. 그는 방 창문으로 괴팅겐의 거리를 염탐하다가도 아는 사람이 시야에 들어오면

뒤로 몇 걸음 물러서서 (그의 표현에 따르면) 서로를 알아보는 당황스러운 상황에서 자신과 그 사람을 구해주었다. 영국에 머물던 시절에는 윌리엄 허셜William Herschel에게 보내는 편지에, 자신이 찻집과 무도회장 방문을 피하고 있으며 대성당의 탑 꼭대기에서 "쌍안경만 들여다보며" 시간을 보낸다고 적었다. 눈앞에서 흘러가는 장면에서 조금 떨어진 채, 언제나 염탐을 하면서 말이다.

리히텐베르크의 경계심은 그의 미루는 습관은 물론 그가 갖고 있던 양면성과도 일맥상통한다. 냉담함, 감정적 거리 두기, 헌신을 거부하기. 전부 행동해야 할 필요성에서 우리를 구해주는 것들이다. 리히텐베르크에게는 로맨틱한 내면과 과학적 객관성이 동시에 존재했다. 그는 몽상가이면서 다른 한편으로는 경험주의자였다. 그가 가끔씩 뭘 해야 할지 몰라 혼란스러워했던 것도 당연하다.

우리 대부분도 리히텐베르크처럼 복잡하고 양면적이며 갈등한다. 호랑이이자 양, 영웅이자 쓰레기, 배트맨이자 브루스 웨인이다. (만화가 라즈 채스트Roz Chast가 그린 〈마음과 몸의 문제The Mind-Body Problem〉라는 만화에는 한 남자가 힘없이 소파에 늘어져 있고 말풍선에는 마음의 말이 적혀 있다. "일어나." 몸이 말한다. "싫어.")

우리의 내면은 몹시 복잡하기 때문에 때로는 결판이 날 때까지 안에서 싸움을 벌인다. 치열한 다툼이 벌어지는 동안 우리가 할 수 있는 건 오직 미루기뿐이다.

미루기 선수들의 칵테일 회동

괴팅겐 사람들이 이곳 출신인 리히텐베르크를 기억하는 건 당연하다. 그런데 의외로 조지아주 뉴넌에도 그를 숭배하는 사람들이 있다. 뉴넌은 애틀랜타에서 남쪽으로 한 시간 정도 달리면 나오는 마을로, '리히텐베르크 소사이어티Lichtenbergian Society'의 세계 본부가 있는 곳이다. 그렇다면 리히텐베르크 소사이어티가 뭐냐, 바로 미루기 선수들이 주기적으로 모여 리히텐베르크와 그의 미루는 습관을 칭송하는 작은 단체다. 뉴넌은 단체 창립자이자 은퇴한 교사이자 지역 극장의 감독인 데일 라일스Dale Lyles의 고향이기도 하다.

데일은 조용한 골목에 위치한 조용한 방갈로에서 산다. 리히텐베르크의 동상 대신 연합군 병사가 보초를 서고 있는 뉴넌의 법원 광장에서 불과 몇 블록 떨어진 곳이다. 데일의 집 뒷마당에는 미로가 있다. 몇 년 전 오페라를 써야 했던 시기에 만든 시설이다. 당시 데일은 오페라에는 손도 대지 않았다. 그 대신 뒷마당에 있는 미로와 그 옆에 있는 화덕, 그리고 그늘을 만들어주는 정원에 온 에너지를 쏟아부었다. 이제 뒷마당은 봄날 저녁 칵테일 한 잔을 손에 들고 시간을 보내기 좋은, 양치식물이 가득한 쾌적한 공간이 되었다. 오페라 이야기는 일단 미뤄두도록 하자.

몇 년 전 데일과 그의 친구들이 리히텐베르크 소사이어티를 결성한 곳도 바로 이 뒷마당이었다. 당시 데일과 친구들은 동지^冬^至를 맞이하여 파티를 열었다. 행사를 열기 위한 구실로 동지보다 좋은 것이 뭐가 있겠는가. 그와 친구들은 작곡가, 작가, 화가, 배우, 전문 광대 등 모두 상상력이 풍부한 사람들이었다. 여느 때처럼 모닥불 옆에서 칵테일을 연료 삼아 예술과 철학과 문학에 관한 토론을 벌이던 12월의 그 모임에서, 누군가 리히텐베르크의 격언을 인용했다. "정확히 반대로 하는 것 또한 일종의 모방이다." 그때까지 데일은 리히텐베르크에 대해 들어본 적이 한 번도 없었지만 그 격언이 너무나 마음에 들었다. 그래서 위키피디아에서 리히텐베르크를 검색해보았고, 그가 이 일 저 일을 벌이는 데 탁월했으며 지적 호기심이 넘쳤고 언제나 그 호기심을 좇아 한 분야에서 다른 분야로 넘어갈 준비가 되어 있던 사람임을 알게 되었다. 그야말로 데일과 친구들이 공감할 수 있는 인물이었다. 그때 데일은 다음과 같은 문장을 읽었다. "리히텐베르크는 일을 미루는 경향이 있었다."

데일과 친구들은 언제나 새로운 아이디어가 가득했지만 그 아이디어로 뭔가 해보는 일은 별로 없었다. 그들은 미루기가 무엇인지 잘 알고 있었으며, 그들에게 미루기란 골칫거리인 동시에 은밀한 기쁨이었다. 그날 밤 데일은 단체를 만들어 계몽주의 시대 미루기의 귀감이었던 리히텐베르크를 기념하자는 아이디어를 냈다. 그리고 친구들과 함께 단체의 세부 규칙을 만들었다. 단체는 임원을 뽑고 간헐적으로 모임을 가질 것이었다. 선언문이 있을 것이고, 칵테일이 있을 것이었다.

그로부터 일주일 뒤(미루기 전문가들에겐 참으로 적절한 기간이다) 친구들은 리히텐베르크 소사이어티를 창립하고 모토를 채택했다.

내일이 더 낫다Cras melior est.

내일이 더 낫다

단체의 첫 번째 활동으로 창립 회원들은 리히텐베르크가 《톰 존스》 같은 소설 쓰기에 실패했던 것을 기억하며, 각자 악당을 주인공 삼아 야한 소설을 몇 페이지씩 쓰기로 맹세했다. 하지만 반드시 몇 페이지여야 했다. 작정하고 소설에 달려들고 싶은 사람은 아무도 없었고, 그래서도 안 되었다.

놀랍게도, 회원 모두가 훌륭하게 맹세를 지켰다. 단체가 선출한 격언 작가, 마크 호니Marc Honea도 한 챕터를 써 왔는데, 조지 왕시대에 필딩이 썼던 화려한 문장을 모방했을 뿐만 아니라 또 다른 톰 존스인 영국 웨일스 출신 팝 스타의 노래, 〈그건 별일 아네요It's Not Unusual〉의 가사를 활용하기까지 했다.

데일 라일스는 내가 여태까지 자료 조사를 하면서 만난 사람 중에서도 단연 미루기에 관대한 사람이었다. 아니, 사실 그냥 진짜 괜찮은 남자였다. 처음 전화를 걸었을 때, 그는 막 이사 온 새 이웃에게 줄 콘플레이크 과자를 한 판 굽고 있던 참이었다. 이미 그때부터 나는 감명을 받았으나, 그게 다가 아니었다. 데일은 뉴 넌으로 나를 초대했을 뿐만 아니라 오로지 나를 위해 특별 모임을 열어 리히텐베르크 소사이어티의 회원들을 소집해주었다. 모임은 시원하고 조용한 데일의 뒷마당에서 열렸다. 데일은 기막히게 멋진 이동식 바를 구비해놓고 모닥불을 지피는 중이었다. 회원 모두가 나를 따뜻하게 반겨주었다.

리히텐베르크 소사이어티는 한편으로는 회원들의 창의적 활동을 장려하기 위해, 다른 한편으로는 미루기를 장려하기 위해 존재한다. 처음에는 언뜻 이 두 가지가 서로 어긋나는 것처럼 여겨진다. 하지만 이들에게는 모종의 논리가 있다. 예를 들어, 데일의 멋들어진 미로는 데일이 오페라를 써야 했던 시기에 오페라를 쓰는 대신 만든 것이다. 이후 낸시 윌러드Nancy Willard의 동화《윌리엄 블레이크의 여인숙 방문하기A Visit to William Blake's Inn》를 무대에 올리기 위해 곡을 써야 했을 때 데일은 곡을 쓰는 대신 전부터 미뤄온 오페라를 썼다.

오페라는 별다른 성과를 내지 못했다. 독일에서 열린 콩쿠르에 오페라를 제출했지만 수상에 실패했다. 하지만 한편으로는 오페라를 썼던 경험 덕분에 마침내《윌리엄 블레이크의 여인숙 방문하기》를 위한 곡 쓰기에 돌입했을 때 오케스트라 작곡가로서 더욱 자신감을 가지고 일할 수 있었다고 한다.

그날 밤 회원들과 내가 불가에 모여 앉았을 때, 데일은 이런 얘기를 했다. "재밌는 건, 업무 회피가 좋은 일이라는 거예요. 자기 작품으로 다른 사람을 귀찮게 하기 전에 알아서 중단하는 예술가가 더 많아진다면 세상은 더 아름다워질 테니까요." 하지만 업무 회피는 한편으로 일종의 업무 수용이 될 수 있다는 증거도 있다.

그날 밤을 떠올리면 데일의 뒷마당에 걸려 있던 티베트의 기도 깃발과 종소리가 떠오른다. 데일이 내게 막 두 잔째 버번-투아카 칵테일을 만들어준 참이었다. 나는 기쁜 마음으로 편하게 등을 기대고 앉아 회원들이 교육과, 예술과, 구린 예술과, 행복이 과연 추구할 만한 가치가 있는 목표인지 아닌지에 대해 나누는 열띤 대화를 듣고 있었다. 리히텐베르크 소사이어티는 그저 게으름뱅이들의 모임이 아니다. 회원들은 반드시 일정 수준의 활동을 해야 한다. 선언문에는 이렇게 쓰여 있다. "회원은 명부에 이름을 올리기 전후의 어느 시점에 창의적인 작품을 제출해야 한다." 하지만 동시에 너무 공을 들여서도 안 된다. "리히텐베르크의 정신을 기리기 위해서 작품은 완성되어서도, 성공적이어서도(심지어 성공을 장려해서도) 안 된다."

단체 회원들에게 있어 꾸물거리기와 미루기, 주저하기는 전부 창의적인 과정의 한 단계다. 데일은 한 가지 일을 미루면 종종 다른 일을 하게 된다는 사실을 깨달았다. 그리고 꼭 해야 하는 일이 아니었던 그 두 번째 일이 결국은 꼭 해야 했던 일보다 더 가치 있는 일일 경우가 많다는 사실도 깨달았다. 이런 의미에서 눈을 가늘게 뜨고 잘 보면, 미루는 행동은 적극적인 성취의 매개물일 수 있다. 이런 깨달음에 이른 데일은 이 모순적인 발상에 관해 책을 쓰기 시작했다.

너무 진취적이라고 회원들에게 비난받을 수도 있을 것 같다.

미루기라는 농담

미루기가 보편적인 습관이라는 점을 고려하면, 일 미루는 사람들이 상당히 자주 단체를 결성한다는 점도 그리 놀랍지 않다. 게다가 미루는 사람들은 진부한 농담을 좋아하는 경향이 있어서, 단체 홍보 광고에서는 다음과 같은 문장을 흔히 발견할 수 있다. "미루는 사람들의 모임: 내일로 미뤄졌습니다."

단체 중에는 알코올중독자 모임 같은 지원 프로그램을 본떠서 만든 것들도 있다. 사람들이 미루는 습관을 극복할 수 있도록 돕는 단체다. 반면 어떤 단체들은 죄책감 따위 없이 미루기를 찬양한다. 이런 유의 단체 중 하나가 바로 '미국 일 미루는 사람들 모임Procrastinators' Club of America'이다. 1956년 광고 전문가인 레스 와스Les Waas가 창립한 단체로 필라델피아에 본부를 두고 있다.

2016년에 사망한 와스는 생전에 광고 음악 작곡으로 이름을 날렸다. 그가 작곡한 광고 음악만 거의 1,000곡에 달하고, 그중에는 전 세계 호텔 체인인 홀리데이인과 포드 자동차 광고 음악도 있다. 가장 유명한 노래는 미스터 소프티Mister Softee 아이스크림 트럭을 위해 쓴 곡이다. 미스터 소프티사의 트럭들은 여전히 여름이 되면 열다섯 개 주의 골목골목을 활보하며 이 노래를 튼다. 《옥스퍼드 모바일 음악 연구 핸드북The Oxford Handbook of Mobile Music Studies》 제2권에 따르면, 이 노래는 "오늘날 가장 유명한 아이스크림 트럭 음악"이다.

사실 일 미루는 사람들 모임의 창립은 와스의 장난에서 시작되었다. 와스가 농담 삼아, 기자들이 즐겨 찾는 필라델피아의 한 호텔에 일 미루는 사람들의 모임 일정이 연기되었음을 알리는 푯말을 붙여놓았던 것이다. 그런데 그 푯말을 본 기자들이 모임에 대해 더 알고 싶어 하자 와스는 모임을 정말로 만들어야 할 것 같은 책임감을 느끼게 되었다. 와스의 공식 직함은 회장 대리였다. 와스는 정식 회장직을 맡은 적이 한 번도 없는데, 그가 즐겨 하던 설명에 따르면 1957년에 설립된 위원회가 공식으로 회장을 선출하는 업무에는 손도 대지 않았기 때문이다.

이따금씩 와스는 회원 워크숍을 계획했다. 하지만 와스가 계획한 여행은 대부분 타이밍이 어긋났다. 1965년 말에는 뉴욕 만국박람회로 떠났지만, 안타깝게도 박람회는 18개월 전에 이미 막을 내린 상태였다. 와스와 회원들은 1960년대 후반 반전시위를 조직하기도 했는데, 시위에서 이들이 반대한 전쟁은 1812년에 일어난 영미전쟁인 것으로 밝혀졌다. 와스는 시위가 성공적이었다고 평가했다. 그가 기자에게 한 말에 따르면 "영미전쟁이 종결되었기 때문"이다.

와스가 만든 미국 일 미루는 사람들 모임과 데일이 만든 리히텐베르크 소사이어티는 엄격한 시간 엄수와 효율, 활발한 활동 같은 전통적인 가치를 재치 있게, 또 의도적으로 전복한다. 리히텐베르크 소사이어티의 연초 모임에서 회원들은 그해에 이루고 싶은 창의적 목표를 세우고 지난해의 목표를 어느 정도나 달성했는지 평가한다. 여기서 지나치게 많이 인정받거나 전통적인 성공 척도에서 너무 높은 점수를 받으면 질책을 당한다.

어떤 면에서 미루기는 일종의 농담이다. 할 필요가 없는 일을 하는 것. 또는 어떤 일을 해야 할 때 그 일을 하지 않는 것. 또는 해야 하는 일이 아닌 다른 일을 하는 것. 이건 코미디다. 미루기가 우스운 이유는 장례식에서 웃음을 터뜨리는 것이 우스운 이유와 같다. 터무니없이 부적절하기 때문이다.

다른 한편 미루기는 상상할 수 있는 가장 심각한 문제이기도 하다. 우리에겐 오직 필요한 만큼의 시간만 있다. 그 시간을 낭비하면 언젠가는 그 모든 시간이 다 어디로 갔는지 어리둥절해할 날이 오기 마련이다. 심각한 일이다. 너무 심각하기 때문에 웃어버림으로써 그 심각함을 날려버리지 않으면 안 된다. 일련의 순간이 다닥다닥 쌓이고 쌓인 것이 인생이며, 그러다 더 이상 순간이랄 게 남아 있지 않은 날이 다가오리라는 걸 우리는 안다. 이런 생각에 마음이 무거워지고, 이 냉혹한 사실에 맞서야 한다는 것을 안다. 하지만 우리는 미루는 사람들이다. 맞서 싸우는 건 나중으로 미뤄도 된다.

위대한 도약은 꾸물거림에서 시작된다

미루기를 합리화할 수 있는 방법은 상당히 많다. 미루기는 저항이자 오만한 권위자에게 날리는 경고가 될 수도 있고, 전 세계에 만연한 자본주의 윤리에 대한 비판이 될 수도 있다. 드 퀸시나 오스카 와일드Oscar Wilde 같은 작가들에게 있어 미루기는 일종의 스타일이었다.

작가는 누구보다도 가장 끈질기게 일을 미루는 사람들이다. 참 이상하다. 이들은 마감이 신성불가침의 영역이라 할 만한 업계에 속해 있기 때문이다. 작가 더글러스 애덤스Douglas Adams는 이렇게 말했다. "나는 마감이 좋다. 마감이 내 옆을 지나갈 때 슝 하고 내는 소리가 진짜 좋다." 애덤스가 사망한 2001년, 그의 마지막 책은 마감이 12년이나 지나 있었다.

작가들만큼 게으름의 핑계를 잘 대는 사람은 아무도 없다. '회계사의 장벽'이라는 게 있다는 얘기를 들어본 적 있는가? 당신 자동차를 담당한 정비사가 일을 시작하기 전에 바닷가를 산책하며 마음을 다스려야 한다고 주장하던가? 창조적인 행동의 전형인 방 안을 서성거리는 행위조차 일종의 미루기다. 나는 방 안을 서성거리면 뭔가 대단한 생각이 떠오를 거라고, 몸에 시동을 걸면 머리의 기어도 당겨질 거라고 생각하곤 한다. 하지만 이쪽에서 저쪽으로 왔다 갔다 하는 행동은 그저 마음의 동요와 우유부단함을 드러내는 것일 뿐일지도 모른다. 여기 앉을까, 저기 앉을까? 이걸 쓸까, 저걸 쓸까? 애초에 작가라는 게 내 길이 맞는 걸까? 어쩌면 빈 화면과 깜빡거리는 커서를 바라보지 않고도 돈을 벌 수 있는 다른 일이 있을 수도 있잖아.

윌리엄 개스William Gass는 소설《터널The Tunnel》을 쓰는 데 30년이 걸렸다. 릴케는 제1차 세계대전과 심각한 우울증으로부터 도망 다니느라《두이노의 비가》를 완성하는 데 10년이 걸렸다. 나를 이 사람들과 동일선상에 놓고 싶은 건 아니다. 릴케의 주제는 존재의 괴로움과 실존적 고통이었지만 나는《지큐GQ》에 실릴 가디건 스웨터에 관한 700단어짜리 원고로 허덕이니까. 하지만 릴케 역시 간접적인 방식으로 이뤄지는 일도 있다는 사실을 알고 있었다. (아마도 실제로 해야 할 일을 하는 대신 쓴 것으로 추정되는) 한 편지에 이렇게 적은 것을 보면 말이다. "게으러질 수밖에 없는 그날들이 사실은 정말 심오한 활동을 하고 있는 때인 건 아닌지, 나는 종종 되묻게 돼. 우리가 하는 모든 일은 오랜 시간이 흐른 뒤에 돌아보면 사실 위대한 도약의 마지막 잔향일 뿐이고, 위대한 도약은 우리가 아무것도 하지 않으며 보낸 시기에 발생하는 게 아닐까."

이것이야말로 모든 미루기 전문가가 배우고 익혀야 할 마법 같은 생각이다. 아무것도 하지 않는 것은 사실 아무것도 하지 않는 게 아니며, 눈에 보이지는 않지만 훗날 유익한 결과를 낳을 하나의 시작이다. 그렇다, 나도 해야 할 일을 하며 착실하게 하루를 보낼 수 있다. 하지만 그러는 대신 서랍의 연필 넣는 칸을 정리한다면… 그 결과로 어떤 놀라운 일이 발생할지 누가 알겠는가? 정말 해야 하는 일이나 하며 하루를 보낼 만큼 내게 여유가 있을까?

햄릿의 망설임

어떤 사람은 미루는 습관의 원인으로 완벽주의와 실패의 두려움을 지목한다. 정말 잘해낼 수 있다는 확신이 들 때까지는 아무것도 할 수 없다는 거다. 우리 대부분은 본인의 부족함을 인지하는 순간 얼어붙고 만다. 조지 엘리엇George Eliot의 《미들마치》에 등장하는 고지식한 고전 연구자 캐서본 씨는 고된 예비 조사를 마치고 대작이 될 원고를 써야 할 때가 되었음에도 글을 쓰지 못한다. 원고의 가제가 '모든 신화의 열쇠Key to All Mythologies'라는 점을 고려하면, 독자들은 우물쭈물하는 그에게 고마워할지도 모를 일이다.

캐서본은 우스꽝스러운 캐릭터다. 말인즉슨, 그는 우리를 대변한다. 일을 미루는 사람이라면 글쓰기를 회피하는 캐서본 씨의 습성(스스로를 보호하는 동시에 스스로를 좌절시키는 습성)에 공감할 수밖에 없다. 캐서본 씨라는 캐릭터를 만든 장본인도 틀림없이 공감할 것이다. 엘리엇은 꾸물거리는 예술가 중에서도 여왕으로 꼽힌다. 엘리엇이 글을 쓰기 시작한 건 30대 중반에 이르러서인데, 그마저도 친구들이 옆구리를 쿡쿡 찌르며 닦달한 뒤에야 시작한 것이다.

하지만 망설임에 관해서라면, 그 어떤 주인공도 햄릿만큼 심각하게 망설이지 못할 것이다. '황태자student prince' 햄릿은 가히 오늘날 일을 미루는 대학생들의 선조라 할 만하다. (끝까지 미루다가 최후의 최후의 최후의 순간에 겨우 써낸 수많은 영문학 과제의 주제가 햄릿의 망설임이라는 사실이 너무나도 그럴싸하지 않은가?) 가족의 복수로 명예를 지켜야 한다는 오래된 규율이 햄릿에게 충분히 와 닿았다면, 아마 그도 별다른 망설임 없이 아버지의 복수를 단행했으리라. 하지만 햄릿은 새로운 유형의 실존적 영웅이었으니, 해야 할 일을 하기 전에(즉, 왕을 죽이기 전에) 나는 누구이고 왜 존재하는지에 대해, 삶의 의미와 영원이라는 미스터리에 대해 고뇌해야만 했기 때문이다. 불필요한 일이다. 하지만 바로 그러한 면모가 햄릿을 우리의 동지로 만든다. 햄릿은 무엇도 아닌 자신의 자유의지로, 자신의 선택으로, 자신의 충동으로 일을 망친 인물이다.

연구자들은 미루는 행동을 가리켜 충동의 한 종류일 뿐이라고 말한다. 욕구와 욕망을 조절하지 못한 결과라는 얘기다. 이게 사실이라면, 햄릿의 망설임은 그가 폴로니어스를 죽일 때 보여주었던 성급함과 함께 동전의 양면을 이룰 뿐이다. 하지만 다른 설명도 가능하다. 햄릿이 왕을 죽이기 전에 주저한 이유를 수 세기 동안 분석하고 논의해온 학자들에겐 미안하지만, 사실 애초에 이게 정말 그렇게 설명이 필요한 일인가? 햄릿이 삼촌 죽이기를 주저한 건 그리 이상한 일이 아니다. 만약 그가 쏜살같이 달려가 아무 거리낌 없이 삼촌을 죽였다면 그게 훨씬 이상하고 충격적인 일이었을 것이다. 햄릿에게 '액팅 acting'이란(가짜 모습을 꾸며 상대를 속인다는 의미에서건, 어려운 결정을 이제는 끝내겠다고 결심한다는 의미에서건) 의심스러운 것이다. '액팅'을 한다는 건 곧 연기한다는 뜻, 말하자면 가짜를 진짜처럼 꾸민다는 뜻이다. 이런 의미에서 '액션 action'은 진실이 아니다. 오히려 무위와 망설임이 그에게는 더 많은 진실을 품는다. 햄릿을 성가시게 만든 것, 즉 결투로써 명예를 지켜야 한다는 규율은 양면성이나 양심, 자기 성찰에 아무런 관심이 없다. 그러한 규율은 테일러리즘과 다를 바 없이 "가장 적합한 단 한 가지 방식"을 완고하게 주장할 뿐이다.

머무르는 한, 우리는 완벽하다

우리 대부분이 그랬듯 나도 어렸을 적 내게 주어진 집안일(방 치우기, 정원의 잡초 뽑기, 쓰레기 버리기 등)을 미루면서 미루기 전문가로서의 삶을 시작했다. 집안일을 미루는 어린아이는 단순히 집안일을 미루는 게 아니다. 아이는 자신의 어린 시절을 최대한 연장하며, 책임감을 가져야 하는 삶을 최대한 늦추고 있는 것이다. 침대를 정리해야 하는 토요일 아침에도 나는 텔레비전 만화를 보았다. 만화 속에서는 와일 코요테가 로드 러너의 꽁무니를 끝도 없이 쫓고 있었다. 그때부터 이미 나는 끝없이 무언가를 뒤쫓는 일에는, 영원히 실현되지 않는 꿈에는, 절대 완료할 수 없는 임무에는 무언가 가슴 찢어지는 면이 있음을 깨달았다.

와일 코요테에게는 어딘가 영웅적인 면모가 있었다. 와일 코요테가 약간 멍청하다는 것도 물론 알고 있었다. 어두운 다이너마이트 창고에서 앞을 보겠다고 성냥에 불을 붙여 스스로를 폭발시키는 생명체가 멍청하지 않다고 말할 수는 없으니까. 하지만 멍청하다고 영웅적이지 않은 건 아니다. 가파른 절벽에서 커다란 돌을 겨우 밀어낸 뒤 떨어지는 돌 바로 아래 가서 설 때조차도 말이다.

토요일 아침에 보던 만화는 내게 처음으로 과정이 주는 낭만이라는 것을 알려주었다. 어떤 일을 하기 직전의 상태는 곧 끝없는 과정과도 같다. 가능성은 절대로 소진되지 않는다. 아마도 이런 점이 와일 코요테를 순전한 멍청이에 더하여 낭만적인 영웅으로 만드는 것이리라. 어떠한 과정의 시작은 가장 힘겨운 순간이기도 하지만 동시에 가장 희망적인 순간이기도 하다. 처음이야말로 우리가 한없는 잠재력을 느낄 수 있는 순간이다. 작가는 자신이 형편없는 글을 쓸 수도 있다는 생각을 하면 힘이 쭉 빠진다. 작가는 실패를 두려워한다. 하지만 좋은 소식은, 오래도록 글을 붙잡고 마무리하지 않는 한 굉장한 작품이 나올 가능성은 사라지지 않는다는 사실이다. 무엇이든 가능하다.

이게 바로 일을 미루는 사람들이 자기 프로젝트를 완성하지 않는 이유 중 하나다. 작업 과정에 머무르는 한 완벽을 꿈꿀 수 있다. 하지만 프로젝트를 끝마치는 순간 그 프로젝트는 또 한 명의 불완전한 창작자가 만들어낸, 의도만 좋은 (실패한) 작품이 되어버리고 만다. 영지주의*를 설파했던 바실리데스Basilides는 존재가 퇴보의 한 형태라고 생각했다. 오직 비존재만이 완벽을 주장할 수 있다. 무언가를 존재하게 하는 건 곧 그것을 망치는 길이다. (이게 바로 내가 지하철역에서 집까지 걸어오는 길에 떠올린 탁월한 아이디어가 집에 와서 종이에 적기만 하면 전혀 탁월하지 않은 것으로 변해버리는 이유다.)

---

* 헬라 철학과 동양의 이교 사상, 유대교 사상 등이 혼합된 종교 운동으로, 영과 정신은 선하고 육과 물질은 악하다는 극단적 이원론을 주장했으며 참된 지식을 가진 자신들만이 구원에 이를 수 있다고 보았다.

그러므로 일을 미루는 사람은 과정을 늦추고 싶어 한다. 이야기의 클라이맥스를 미루고 싶어 한다. 왜냐하면 진짜 목표는 목표에 도달하는 게 아니라 계속해서 목표를 추구하는 것이기 때문이다. 오랫동안 꿈꿔왔던 것을 이루어버리는 일은 오로지 가능성을 고갈시키고 한계를 설정할 뿐이다.

과정이 계속 이어지기만 한다면 그 어떤 일이라도 일어날 수 있다. 과정이 주는 낭만은 영원을 향해 손짓한다. 키즈John Keats의 시 〈그리스의 옛 항아리에 부치는 노래Ode on a Grecian Urn〉에 등장하는 연인은 영원하며 언제나 키스하기 직전의 상태에 머무른다. 궁극의 지연이자, 예술의 영원함 속에 박제된 과정의 낭만이다. 키즈는 연인에게 이렇게 말한다. "목표 가까이에 이른다 해도, 슬퍼 말아라." 이들의 과정에는 마침표가 없다.

남북전쟁이 배출한 느림보 장군

뉴넌을 방문한 날 저녁, 나는 과정과 지연과 그리스의 옛 항아리에 관한 나의 생각을 데일에게 말해주었다. 저녁을 먹으면서 술을 몇 잔 마신 게 도움이 되었다. 데일은 나를 미트앤그리트Meat 'N Greet라는 햄버거 가게에 데려갔고, 내 기억이 맞는다면 나는 가게의 대표 칵테일인 스팅코데마요*를 마셨다. 가게에서 나온 뒤, 우리는 뉴넌 중심가를 가로지르다가 법원 광장에 있는 연합군 병사 기념비와 1864년 뉴넌 근처에서 벌어진 브라운스 밀 전투 추모 명판을 보러 갔다. 브라운스 밀 전투는 북군이 근처에 있는 앤더 슨빌 감옥을 습격해 사람이 살 수 없는 환경에 갇혀 있던 3만 명 가량의 연방군을 풀어주려는 목적에서 감행한 전투였다. 하지만 습격은 실패했고, 연방군의 노력은 허사가 되었고, 브라운스 밀 전투는 남군의 승리로 끝났고, 1300명의 연방군이 추가로 앤더 슨빌 감옥에 갇히며 막을 내렸다.

앤더슨빌은 '마감deadline'이라는 단어의 어원으로 유명한 곳이 다. 본래 마감은 수감자들이 사살당할 위험을 감수하지 않고서는 넘을 수 없는 선을 의미했다. 오늘날에는 의미가 달라졌지만, 해 야 할 일을 미루는 사람들에게는 여전히 본래의 뜻만큼이나 무시 무시한 단어다. 남북전쟁은 역사상 일을 가장 심하게 미룬 인물 중 하나를 배출하기도 했는데, 바로 연방군 소장이자 악명 높은 느림보였던 조지 매클렐런George McClellan이다. 1년 좀 못 되는 기 간 동안 연방군 총사령관을 지냈던 매클렐런은 무슨 종교라도 믿 듯 준비와 계획에 매달렸다. 하지만 준비와 계획에만 매진하느라 준비하고 계획한 일에 실제로 착수하는 일은 거의 없었다. 매클렐 런은 적진에 쳐들어가기를 망설였고, 이 사실은 동료들의 심기를

• Stinko de Mayo. 입 닥치라는 뜻의 스페인어.

불편하게 했다. 같은 소장이었던 헨리 핼럭Henry Halleck은 고급스러운 어휘로 분통을 터뜨리기도 했다. "모든 이의 상상을 넘어서는 부동성이다. 이 무력한 무리를 움직일 수 있는 건 아르키메데스의 지렛대뿐이리라!" 링컨 대통령은 보다 간결했다. 링컨은 매클렐런이 "굼벵이" 같다고 말했다.

매클렐런이 이끈 군대가 아무 일도 안 한 건 아니었다. 문제는 매클렐런이 링컨이 원했던 단 한 가지, 즉 공격을 제외한 모든 일을 다 했다는 점이다. 매클렐런에게는 언제나 해야 할 정찰, 치러야 할 훈련, 보여줘야 할 열병식이 남아 있었다. 다른 훌륭한 장군들과 마찬가지로 매클렐런도 완벽주의자이자 통제광이었다. 하지만 그의 완벽주의는 불안과 자기 능력에 대한 의심을 감추고 있었던 듯하다. 그 결과는 끝없는 수정과 조정, 재검토, 재시작의 반복이었다. 세심하게 전투를 준비하는 매클렐런의 모습은 독후감을 쓰기 싫어서 연필만 깎고 있는 초등학생의 모습과 크게 다르지 않았다.

조지아에서 연합군 병사 기념비에 둘러싸여 있던 나는 문득 내가 미루기에 너무 집착한 나머지 매우 괴이하고 시대착오적이게도 남북전쟁을 심리적 차원에서 보기 시작했다는 사실을 깨달았다. 미뤄진 결정(여기서는 '노예 문제를 어떻게 해결할 것인가'라는 미국의 근본적인 문제, 건국의 아버지들이 제대로 해결하려 애쓰지 않았던 그 문제), 양가감정으로 이 생각 저 생각을 오가며 둘로 갈라진 국민,

비극적이게도 고삐를 죄지 못하고 전국으로 퍼져나간 자기 파괴적 충동. 남북전쟁은 미루기의 크나큰 대가를 보여주는 교훈적인 사례일 수도 있다. 문제를 즉시 해결하지 못하면 사회 전체에 더 큰 문제가 발생한다는 사실을 보여주는 사례 말이다.

데일과 나는 뉴넌 광장을 걸으며 일을 미루는 사람들이 얼마나 합리화에 능한지에 대해 이야기했다. 매클렐런은 아마 자신이 일을 미루는 사람이라고 생각하지 않았을 것이다. 그보다는 스스로 철두철미한 사람이라고 생각했으리라. 사실 공정하게 말해서, 병사 수만 명의 목숨을 책임지는 사람이 지나치게 조심하고 준비하는 건 당연한 일 아닌가. 매클렐런은 자신이 전투에서 미적거렸던 것을 평생에 걸쳐 변호했고, 1864년에는 옛 상관인 링컨에 맞서 대통령에 출마하기도 했다. 하지만 인정해야 한다. 매클렐런은 실로 자기방어가 강한 미루기의 왕이자 표본이었다. 이런 사람들은 미래의 어느 시점이 되면 힘든 문제를 헤쳐나갈 준비가 더 잘 되어 있을 거라는 믿음 뒤에 몸을 감춘다. 적어도 자기 마음속에서, 매클렐런은 절대로 일을 미루는 사람이 아니었다.

무질서 혹은 매력

매클렐런과 달리 리히텐베르크는 강의실에 모인 사람만 통솔하면 되었다. 설렁설렁 살아도 될 여유가 있었던 셈이다. 하지만 그런 그도 자신이 놓쳐버린 기회에 대해 가슴 아파했다. 리히텐베르크 역시 철두철미한 사람이었다. 언제나 엄청난 일을 계획했지만, "모든 것을 쏟아" 써보려 했던 그 엄청난 장편소설의 신세와 마찬가지로 일이 제대로 실현된 적은 한 번도 없었다. 리히텐베르크는 호기심이 이끄는 길을 따라 일시에 모든 방향을 탐험했다. 그 결과는 무질서하고 혼란스러웠지만(그의 노트를 보라) 동시에 반짝반짝 빛나기도 했다(이 또한 그의 노트를 보라).

리히텐베르크는 자신의 접근법이 독특하다는 사실을, 당시의 과학적 기준에서 보면 실패작이라는 사실을 알고 있었다. 말년에 그는 스스로의 커리어를 이렇게 요약했다. "나는 과학으로 가는 길을 한 마리 개처럼 걸었다. 주인과 함께 산책할 때 주인 앞뒤로 수백 번 왔다 갔다 하는 개 말이다. 그러는 바람에 목적지에 도착할 무렵에는 지쳐버렸다."

하지만 이처럼 매력적인 겸손으로써 실패를 인정한다는 바로 그 사실이 리히텐베르크의 승리를 증명한다. 다른 많은 사람들과 마찬가지로 데일과 친구들 또한 리히텐베르크에게서 재치와 회의, 우아함을 발견했다. 그의 미루는 습관과 따로 떼어놓을 수 없는 자질들이다.

"이 리히텐베르크라는 작자가 도대체 누구인지 알아보지 않을 수 없더군요." 어쩌다가 단체를 꾸리게 됐냐는 질문에 대한 데일의 대답이었다.

이 역시 사람들이 일을 미루는 또 다른 이유임이 분명하다. 우리는 일을 미루는 행동이 우리의 동지를 찾아 나와 이어줄 것임을 알기에 일을 미룬다. 이런 방식으로 우리의 노no는 예스yes가 된다.

이렇게 독일로 떠나면서, 그리고 조지아로 가서 데일을 만나면서, 나는 나를 기다리고 있는 진짜 업무를 영리하게 회피하고 있었다. 하지만 집으로 돌아오는 비행기 안에서 나는 이미 또 다른 여행을 계획 중이었다. 델타 항공 2350기종의 11D번 좌석에 앉아 (리히텐베르크가 열기구를 띄웠더라면 날아오를 수도 있었을 높이보다 훨씬 높은 곳에서) 저 아래를 내려다보는데, 문득 내가 해야 할 일을 미루는 일조차 제대로 못 하고 있다는 생각이 들었다. 무슨 야심가처럼, 일을 회피하기 위해 계획한 여행을 하나씩 완수하고 있다니! 한 가지 일을 피하려다 다른 수많은 일들을 해내고 있는 꼴이었다. 그렇다, 일을 미루는 사람도 업무를 우선시할 수 있다. 우선시하는 그 업무가 무언가를 미루는 방법이라면.

Soon

7장

마감 시간의 마법

라이트의 폴링워터 설계도

그러니 날 돛대 중간에 있는 가로대에 묶어다오.

내가 똑바로 서 있을 때 재빨리 끈으로 묶어

빠져나가지 못하게 하고 다시 그 끈을 돛대에 동여매라.

내가 풀어달라고 애원하면 더욱 꽉 묶어라.

— 호메로스, 《오디세이아》 제7권

모든 길은, 적어도 내겐, 미루기로 통한다. 진부한 표현을 살짝 바꾼 이 농담은, 서부 펜실베이니아에서 운전을 하다 길을 잃은 어느 날 더 이상 농담이 아닌 현실이 되었다.

나는 펜실베이니아에서 폴링워터Fallingwater를 찾고 있었다. 폴링워터는 프랭크 로이드 라이트Frank Lloyd Wright가 백화점계의 거물인 에드거 카우프만Edgar Kaufmann을 위해 피츠버그 남쪽 대자연에 지은 별장으로, 건축 마니아들이 숭배하는 건축물 중 하나다. 나는 그런 부류의 건축물 마니아였던 적이 한 번도 없지만, 한 번쯤 그곳으로 성지순례를 가보고 싶은 마음만은 이해할 수 있었다. 아닌 게 아니라 폴링워터 방문은 성지순례와 비슷하다. 외딴곳 한가운데에 덜렁 세워진 터라, 굳건한 종교적 믿음까지는 아니더라도 최소한 산비탈이 GPS마저 무력하게 만들어버리는 시골길을 헤쳐 나갈 의지가 필요하기 때문이다. 험준하고 가파른 이 지역에서는 앞마당에 십계명 돌판 모형(모형일 것이라고 나는 추측한다)을 무슨 장식품인 양 세워두는 게 유행인 것 같았다.

폴링워터는 로럴 리지의 산비탈에 있는 사암과 로도덴드론 나무 사이에 폭 파묻혀 있다. 로럴 리지는 미국 식민지 시대에 서쪽으로의 확장을 가로막은 최서단의 산악 지대 중 하나다. 폴링워터를 보러 가겠다고 로럴 리지의 산비탈과 골짜기를 지나면서, 직접 생산한 작물을 시장에 내다 팔고 싶었던 18세기 농부의 눈에는 사람의 발길이 닿지 않은 이 황무지가 넘을 수 없는 거대한 장벽으로 보였으리라 공감할 수 있었다. 가파른 골짜기와 가로 줄무늬로 뒤덮인 바위들이 방향감각을 어지럽혔다. 운전하는 동안 멍하니 18세기의 교통수단을 떠올려봤지만, 그게 뭐든 도움이 됐을 리가 만무하다. 나는 완전히 길을 잃은 터였다.

같은 길을 뱅글뱅글 돌면서, 나는 감상에 푹 젖어 미루기란 일종의 상실 아닌가 생각했다. 미루기는 시간 차원에서 방향감각을 상실하는 것이다. 어쨌든 나는 공간 차원에서 방향감각을 상실한 상태였지만 말이다. 그랬다, 문자 그대로 진짜 길을 잃어버렸다. 내 생각에 미루는 것과 길을 잃고 헤매는 것의 차이는, 일을 미루는 사람은 방향감각을 상실하기로 직접 선택한다는 점이다. 미루기는 일종의 시간 여행이며, 해야 할 활동을 구체적인 현실에서 추상적인 미래로 넘겨버림으로써 시간을 조작하려는 시도다. 나의 미루기 여행은 시간 여행인 동시에 평범하고 유구한 역사를 가진 공간 여행이었다. 비록 그때 시간 차원의 방향감각 상실은 공간 차원의 방향감각 상실에 비할 바가 못 되었지만 말이다. 펜실베이니아 어딘가에서, 나는 내가 지금 도대체 어디 있는지 감조차 잡을 수 없었다.

크리스마스 기습 작전

길을 물어보려고 피자헛 앞에 차를 세운 뒤에야(이국적인 댄스 클럽과 태닝 숍은 문을 닫은 상태였다) 내가 폴링워터는 물론 너세서티 요새 국립 전적지에 얼마나 가까이 와 있는지 알게 되었다. 이 식민지 시대의 요새로 말하자면, 거의 200년 뒤 20킬로미터 떨어진 곳에 라이트가 지어놓은 별장에 비하면 너무나도 투박하지만 그래도 나름의 의미가 있는 곳이다. 1754년, 영국군과 프랑스군이 훗날 "7년전쟁"이라 불리게 될 충돌에서 처음으로 맞붙은 곳이 바로 이 근처이기 때문이다.

고등학교 시절 역사 교과서에 따르면 이 충돌을 일으킨 직접적인 원인은 당시 스물두 살이었던 버지니아 민병대의 조지 워싱턴George Washington 중령이었다. 조지 워싱턴은 오늘날 피츠버그가 된 오하이오강 상류 지역에서 프랑스군을 쫓아내라는 버지니아 식민지 영국 총독의 지시를 받고 길을 떠났다. 프랑스군과 영국군은 (폴링워터를 찾아 헤매는 동안 내가 깨닫기 시작했듯이) 이 산악 지대를 가로지르는 것이 얼마나 힘든지 알았기에 내륙으로 빠르게 물자를 운송할 수 있도록 강어귀를 장악하고 싶어 했다. 하여 워싱턴 부대는 피츠버그로 향하는 길에 영국과 그 식민지를 위해 프랑스군 파견대를 습격해 사령관과 군인 열세 명을 죽이고 강가를 확보했다. 프랑스군의 눈에는 너무나도 잔인한 학살이었다. 전쟁이 시작됐다.

워싱턴은 이 전쟁을 말아먹었다. 워싱턴이 사령관으로서 명성을 얻게 된 건 이 전쟁이 아니라 이후 독립 전쟁에서 미국군을 지휘하면서였다. 그리고 바로 그 독립 전쟁에서 그가 커다란 승리를 일구어낸 것은, 적군이 해야 할 일을 미룬 덕분이었다. 서부 펜실베이니아에서 프랑스군을 습격한 지 12년이 지나, 워싱턴은 뉴저지에서 크리스마스 날 밤에 다시 한 번, 이번에는 더욱 성공적으로 기습을 감행했다. 이제 워싱턴은 새로 독립한 미국을 위해 싸우고 있었는데, 역시나 전세는 암담한 상태였다. 워싱턴이 이끄는 군대가 실컷 두들겨 맞아 거의 박살이 난 터였다. 살아남기 위해 반드시 전투에서 승리해야만 했던 워싱턴은 단 한 번의 기습에 모든 걸 걸고서 달밤에 병사들과 작은 배를 타고 델라웨어강을 건너기 시작했다. 어째서인지 이 작전이 먹혀서, 그는 영국에 고용되어 트렌턴에 머물던 독일인 군대를 쓸어버리는 데 성공했다. 이에 미국의 희망이 되살아났고 역사에 길이 남을 위대한 군 지휘자라는 워싱턴의 명성도 지켜낼 수 있었다.

그런데 사실 워싱턴이 보다 손쉽게 승리할 수 있었던 건 독일군 지휘자였던 요한 랄Johann Rall의 불찰 덕분이었으니, 이야기의 전말은 이러하다. 크리스마스 전날 밤 카드놀이를 하던 요한 랄은 영국을 응원하던 지역 주민이 워싱턴의 군대가 다가오는 걸 목격하고 이에 대해 상세히 기술해 보낸 쪽지를 건네받았다. 하지만 카드놀이를 멈추고 싶지 않았던 그는 나중에 읽어야겠다는 생각으로 메모를 펴보지도 않은 채 주머니에 넣어버린 것이다.

미루는 습관에 대해 조사하기 시작한 이후로, 나는 어디에서나 미루기를 발견할 수 있게 되었다. 심지어 미국 역사 교과서에서도 말이다.

다시 폴링워터로 돌아가보자. 이곳을 안내하는 가이드들은 수년간 방문객들에게 폴링워터가 자리한 땅이 한때는 워싱턴의 소유였다고 안내했다고 한다. 하지만 이 주장을 뒷받침하는 근거는 없다. 어쨌든 1916년 카우프만이 이 땅을 사서 백화점 직원을 위한 여름 캠프장을 만들었고, 캠프장은 1930년대까지 쭉 운영되었다. 1920년대에 찍은 사진을 보면 백화점 직원들이 원피스 수영복 차림으로 베어런의 폭포 아래서 물에 몸을 담그고 있다. 사진 속 폭포와 바위와 강바닥이 오늘날 라이트의 폴링워터를 떠받치고 있는 것들과 같음을, 한때 워싱턴이 발을 디뎠을 수도 있는 그 땅임을 쉽게 알아볼 수 있다.

절박하게 빈둥거리며 보낸 아홉 달

내가 폴링워터를 찾아 이곳까지 오게 된 건 (일단 피자헛에 있는 친절한 사람들이 길을 알려줬기 때문이지만) 프랭크 로이드 라이트가 역사를 새로 쓴 인물인 동시에 기가 막히게 일을 잘 미뤘던 사람이기도 했다는 이유에서였다. 게다가 라이트가 게으름뱅이의 지위를 얻게 된 건 바로 이 폴링워터에 얽힌 전설 때문이었다. 그가 폴링워터 작업을 미룬 이야기가 그동안 어찌나 자주 반복되고 또 각색되었는지, 이제는 사실과 달라도 한참 다를 게 분명하다.

정말 있었던 일이라기엔 다소 심각하다 할 만한 이 이야기는 다음과 같다. 카우프만이 베어런의 폭포 근처에 자기 가족을 위한 별장을 지어달라고 라이트에게 부탁했고, 라이트는 부탁을 받아들였다. 하지만 그 뒤로 아홉 달 동안 라이트는 가시적인 결과물을 하나도 내놓지 않았다. 전하는 이야기에 따르면 약속한 기한이 한참 지났는데도 아직 감감무소식인 도안을 확인하기 위해 카우프만이 어느 날 갑자기 스튜디오에 방문하겠다는 전갈을 보내오고 나서야 라이트의 빈둥거림은 끝났다고 한다. 발등에 불이 떨어진 라이트는 서두르지 않을 수 없었다. 훗날 그의 조수였던 에드거 타펠Edgar Tafel은 저서 《프랭크 로이드 라이트와 보낸 시간들 Years With Frank Lloyd Wright》에서 다음과 같이 술회했다. 고객이 기다리고 있다는 이야기를 들은 라이트는 "자기 방에서 부리나케 달려 나와 (…) 부지 배치도를 놓고 책상 앞에 앉은 다음 도안을 그려나가기 시작했다. (…) 그의 손끝에서 디자인이 줄줄 흘러나왔다. '카우프만 부부는 아마 발코니에서 차를 드시겠지…. 다리를 건너 숲속으로 들어갈 거고….' 연필이 너무 빨리 닳아서 조수들은 옆에서 쉬지 않고 연필을 깎아야 했다. (…) 너무 과한 부분은 지우고 수정했다. 도면을 앞뒤로 휙휙 넘겨본 뒤, 마침내 맨 아래 굵은 글씨로 썼다. '폴링워터.' 집에는 어쨌든 이름이 있어야 했으니까." 타펠의 설명에 따르면 폴링워터 설계에 걸린 시간은 딱 두 시간이었다.

미국 건축 역사의 절정에 오를 도면을 완성하는 데 두 시간이 적절한지, 그게 말이 되는지 나는 잘 모르겠다. 어쨌든 그게 공식적인 이야기다. 그렇다면 이런 의문이 생긴다. 왜 라이트는 해야 할 때 진작 작업하지 않았지?

빈둥거려도 될 만큼 그에게 여유가 넘친 건 아니었다. 카우프만이 주말 별장 설계를 의뢰하던 시절 라이트는 사람들에게서 점점 잊혀가고 있었다. 1900년대 초반에는 이름을 날렸지만 당시에는 한물간 건축가로 추락한 상태였다. 비평가들은 라이트를 비웃었다. 1932년에 뉴욕현대미술관에서 열린 유명 건축 전시회는 라이트를 거의 없는 사람 취급했고, 유럽 모더니즘이라는 새로운 조류를 좇아 미스 판 데어 로에Mies van der Rohe와 그로피우스Gropius, 르 코르뷔지에Le Corbusier 같은 건축가들만 띄워줬다. 위스콘신 남서쪽에 있는 라이트의 집이자 작업 공간인 탈리에신Taliesin은 압류당하기 직전이었다. 대공황 때문에 주택 전문 건축가가 받는 의뢰 건수가 확 줄었고, 고급스러운 새집을 지으려는 사람이 많지 않았다. 그러니 라이트에게 폴링워터는 틀림없이 다시 영웅으로 귀환할 수 있는, 반드시 붙잡아야 할 기회였다. 그가 폴링워터 설계를 전혀 하지 않고 보낸 아홉 달은 미루기 전문가의 괴상한 논리로밖엔 설명할 수가 없다. 그런 상황에서 할 수 있는 유일한 행동은 아무것도 안 하는 것뿐이라는 논리 말이다.

폴링워터 순례

모더니즘적 특성과 당시 유행하던 큐비즘의 과시에도 불구하고, 라이트의 디자인은 무엇보다 세월이 흘러도 변치 않을 영원함에 도전했다는 점에서 상당히 주목할 만하다. 이야기에 따르면, 카우프만은 라이트에게 베어런의 물가에 주말 별장을 지어달라고 부탁하긴 했지만 폭포보다는 좀 더 하류를 예상했고, 집에서 폭포가 보이는 곳이면 된다고 생각했다. 하지만 라이트는 집을 폭포 위에, 마치 물 위에 떠 있는 듯 올려놓았다. 집은 마치 영원한 풍경의 일부인 양 바위와 물에 둘러싸여 있다. 그렇게 이 집은 주변 풍경을 자신의 일부로 만들고, 이로써 영속성의 아우라, 땅과 하나인 것만 같은 아우라, 다른 건축물은 감히 바랄 수도 없는 아우라가 생겨난다. 하지만 건물은 결국 무너지기 마련. 1990년대에 폴링워터도 거의 무너지기 직전까지 이르는 바람에 구조공학자가 와서 집밑의 지주를 강화해야 했다. 어쨌거나 영원함에 대한 얘기는 그만해야겠다.

아주 오래전부터 폴링워터에 오고 싶었고 아주 오래전부터 이곳을 방문하리라 마음먹고 있었는데, 막상 눈앞에 폴링워터가 있으니 어디를 봐야 할지 무엇을 해야 할지 전혀 알 수가 없었다. 실제로 보니 실망스러웠다는 얘기는 아니다. 그저 이 경험에서 더많은 것을 끌어내야 할 것 같은 부담을 느꼈을 뿐. 이미 사진으로 너무 많이 봐서 그런지 실제로 집을 맞닥뜨리자 꼭 거짓말 같았다. 집은 그동안 수없이 많은 건축 서적에서 보았던 아름다운 사진의 부적절한 복제품처럼 보였다.

이런 기분을 느낀 건 나만이 아니었다. 나를 포함해 열 명 정도가 가이드를 따라 폴링워터 근처를 돌았는데, 곧 사람들 모두가 거의 같은 행동을 하고 있다는 사실을 알아챌 수 있었다. 우리는 집을 빤히 쳐다보았다. 아주 열심히, 지금 보고 있는 것에서 마지막 남은 의미를 한 방울이라도 더 짜내려는 듯 몸을 앞으로 구부리고서. "정말 아름답군요"라는 단순하고 정직한 말도 나오지 않을 만큼 당황스러운 표정으로.

건축물은 사람을 이상하게 만든다. 그런 점에서 와인과도 비슷하다. 사람들로 하여금 뭐든 다 안다는 듯이 허세를 부리고 장황한 연설을 하게 한다. 남자라면 특히 심하다. 폴링워터 투어에 참여한 사람 중에는 버지니아에서 왔다는 은퇴한 의사가 있었는데 라이트가 폴링워터에 있는 화장실 벽에 코르크를 사용했던 게 분명하다며 밑도 끝도 없이 이빨을 깠다. 휴가 중이라는 한 역사 선생님은 빛에 관해 얘기하면서 도통 입을 다물질 못했다.

라이트는 힘 있는 남자 특유의 과장된 영업력으로 이런 습성을 더 부추겼다. 폴링워터는 절대 그렇고 그런 집이 아니었다. 폴링워터는 "위대한 축복―여기 지구에서 경험할 수 있는 위대한 축복 중 하나"였다. 라이트는 카우프만에게 이렇게 썼다. "나는 일반적인 건축가와 고객의 관계를 넘어 당신에게 애정을 느끼고 있습니다. 바로 그러한 사랑이 당신에게 폴링워터를 안겨준 겁니다. 당신은 평생 이보다 더 멋진 것을 가질 수 없을 겁니다." 라이트는 언제나 이런 식으로 편지를 썼다. 그가 편지에서 '건축가Architect'의 A는 대문자로 쓰고 '고객client'의 c는 소문자로 썼다는 점이 특히 마음에 든다.

라이트가 설계한 건축물을 방문하는 일이 마치 순례처럼 느껴지는 이유는 건축물에 대한 사람들의 태도가 가히 종교적이라 할 만하기 때문이다. 아름답게 설계된 집을 바라보며 감탄하는 게 아니라 성찬식에 참여하고 있는 듯한 기분이 든다. 이것 말고도 단순한 이유가 또 하나 있으니, 라이트가 설계한 건물 대부분이 외딴곳에 동떨어져 있다는 점이다. 나는 폴링워터를 보기 위해 차로 여섯 시간을 달려왔는데, 가히 순례자의 여정이라 할 만한 거리 아닌가. 위스콘신 남서쪽 외곽에 있는 라이트의 집 탈리에신이나 일리노이 스프링필드에 있는 다나-토머스 하우스Dana-Thomas House, 오클라호마 바틀즈빌에 있는 프라이스 타워Price Tower에 가기 위해서도 못지않은 노력을 들여야 한다. 그 어떤 훌륭한 건축가보다도 더, 라이트는 큰 도시뿐만 아니라 지방에까지 자기 족적을 남겼다. 아마도 외딴곳에 위치한 라이트의 건축물은 일반적인 문화 중심지에서 멀리 떨어져 있다는 점에서 보다 권력을 얻게 된 듯하다. 라이트는 더 유명한 유럽 모더니스트들의 건축물보다 폴링워터가 더 훌륭하다고 말하곤 했다. 폴링워터가 자리한 곳이 펜실베이니아 서부의 산간벽지이기에 더욱더 그렇다는 것이다. 사실 라이트의 야망과 허세, 정신적인 태도와는 그리 어울리지 않는 곳이긴 하다. 폴링워터에 가기 위해 방향을 틀기 전 도로에서 마지막으로 보이는 건 근처 리조트로 향하는 대형 승합차를 환영하는 거대한 곰돌이 동상이다.

순례자가 종교적 의미에서 일생에 단 한 번, 먼 거리를 오래도록 걷는다는 점에서, 순례 또한 미루기 전문가들의 분야라 할 수 있다. 순례는 그 정의상 즉각 끝내버리거나 충동적으로 단행해서는 안 된다. 그건 순례가 아니라 순간의 바람일 뿐이다. 게다가 순례는 미루면 미룰수록 그만큼 시간이 쌓여 목적지의 의미가 커진다. 순례지가 순례자를 더 오래 기다릴수록 신심이 더 깊어진다. 유적은 역사가 길수록 좋다. 이게 바로 일을 미루는 사람이 가장 완벽한 순례자가 될 수 있는 이유다.

최후의 순간, 마감의 마법

폴링워터를 방문한 다음 날 아침, 나는 펜실베이니아 고속도로 옆에 있는 호텔 체인에 머물고 있었다. 로비 옆 식당에서 공짜 커피와 퍽퍽한 건포도 빵을 먹으려고 줄을 서 있는데, 한 남자가 옆에 서더니 내게 이렇게 물었다. "여행 어땠어요?"

잠에서 덜 깬 데다 누군가와 대화를 나누게 되리라고는 전혀 생각지 못한 터라 도대체 이 남자가 무슨 소리를 하는지 알 수 없었다. 폴링워터 방문이 어땠는지 묻는 건가? 하지만 이 남자는 내가 폴링워터에 갔던 걸 모를 텐데. 아니면 오늘 공짜 커피와 퍽퍽한 건포도 빵을 먹기 위해 방에서 식당까지 내려오던 길이 어땠냐는 건가? 그럴 확률은 별로 높지 않은 것 같았다. 아니면 은유적인 의미에서의 여행을 말하고 있는 걸지도 몰랐다. 내 지적 탐구가 어떻게 진행되고 있는지를 물어보고 있는 건가?

당황한 나는 대충 얼버무리며 넘어가기로 했다.

"좋았어요. 좋은 여행이었죠. 그쪽은요?"

그러자 남자가 이렇게 대답했다. "그저 여기 있을 수 있어서 감사할 뿐이죠. 여기에 올 수 있었던 건 축복이에요. 우리는 매일 매일을 최대한 알차게 살아야 해요. 전 진심으로 그렇게 믿어요."

도대체 무슨 일이 일어나고 있는 건지 더욱더 알 수 없게 되어버렸다. 그러다 곧 어떤 교회에 와보지 않겠느냐는 말을 꺼낼 것 같은 느낌이 왔다. 나는 얼른 건포도 빵을 챙기고 좋은 하루 보내라는 말로 대화를 끝냈다. 그러고도 혹시 몰라 먹을거리를 싸서 황급히 방으로 돌아왔다.

무엇이 날 그토록 불안하게 만든 걸까? 그 남자가 한 말이 그렇게 이상했나? 그 남자의 철학에 허점이 있었나? 내가 너무 무례했던 건 아닐까?

라이트가 일을 미뤘다는 증거를 찾기 위해 폴링워터에 왔지만 내가 찾은 건 역시나 내가 죽도록 일을 미룬다는 증거뿐이었다. 내가 일을 미룰 구실을 만들기 위해, 시간을 벌기 위해 이곳에 왔다는 걸 나는 알고 있었다. 자리에 앉아 글을 쓸 준비가 아직 안되었기 때문이다. 그렇기에 내 여행은 힘겨웠고 허접스러웠다. 해야 할 일에서 얼마나 멀리 도망칠 수 있는지 알아보려고 펜실베이니아를 횡단하는 사람이 또 어디에 있겠는가? 나는 햄튼인 호텔 체인의 킹사이즈 침대에 누워 퍽퍽한 건포도 빵을 먹으며 멍한 시선으로 소리를 한껏 줄인 텔레비전의 스포츠 채널을 바라보고 있었다. 무언가를 성취할 수도 있었을 시간에 말이다. 퍽퍽한 건포도 빵을 먹으려고 줄을 서다 만난 남자에게서 도망친 것도 놀라운 일이 아니었다. 감사로 충만한 그 남자의 호텔 로비 철학은 나를 부끄럽게 했다.

라이트는 셀프 사보타주에 재능이 있었다. 일 미루는 사람에게 으레 나타나는 특성이다. 1909년, 훗날 위대한 업적으로 남은 로비 하우스Robie House와 유니티 템플Unity Temple 설계를 막 끝마친 라이트는 고객의 아내와 함께 유럽으로 내뺐다. 그동안 그토록 쉬지 않고 일하며 갈망해온 명예와 명성이 눈앞에 다가온 순간, 승승장구하는 커리어를 뒤엎어버리는 것 말고 해야 할 다른 일이 뭐가 있겠는가?

카우프만이 급작스럽게 방문하기 전의 아홉 달 동안, 코앞에 놓인 프로젝트의 무게와 절박함 때문에 라이트의 창조성이 마비되었을 가능성도 있다. 만루 상황에서 투입되었으나 스트라이크존을 찾지 못하는 구원투수처럼 숨이 막혔을지도 모른다. 업무를 제대로 해낼 수 없을 거란 두려움 때문에 일을 미뤘을 수도 있고, 재정 상태도 업계에서의 평판도 모두 넝마가 되어 절망한 탓에 모든 걸 미룰 수밖에 없었는지도 모른다. 아니면 일에 마음을 쏟지 못하는 날들이 점점 많아졌을 수도 있다. 라이트는 돈만 많은 속물들에게 교양을 가르치려 애썼고, 미국 문화의 야단스럽고 저속한 화려함에 조금이라도 영혼을 불어넣으려 노력했다. 라이트는 로비 하우스와 유니티 템플 같은 훌륭한 건축물을 많이 지었지만, 그래서 그가 얻은 게 뭔가? 속물들은 라이트가 지은 건축물의 구조적 결함을 놓고 끊임없이 불평을 해댔다. 한 사람은 저녁에 파티를 하는데 천장에서 샌 물이 머리 위로 뚝뚝 떨어졌다며 전화를 걸어오기도 했다. 라이트의 대답은 간단했다. "의자를 옮겨요."

또는, 레오나르도가 그랬듯이 그의 미루는 습성도 그리 고질적이지는 않았을 수 있다. 건축학자인 프랭클린 토커Franklin Toker는 저서 《폴링워터의 부상Fallingwater Rising》에서, 라이트가 최후의 순간이 되어서야 설계안을 종이에 옮기긴 했지만 아마 아이디어는 그전부터 쭉 흘러나오고 있었으리라고 주장했다. 머릿속에 이미 디자인이 완성되어 있었을 거라는 얘기다. 놀랍게도 바로 내가 소파에서 눈을 붙일 때 와이프에게 하는 말과 꼭 같다. 내가 지금 낮잠 자는 것처럼 보이겠지만 사실은 글을 쓰고 있는 거야. 난 언제나 글을 쓰고 있다고.

누가 뭐래도 라이트는 자기 홍보의 달인이었고 조수들은 언제든 라이트의 전설을 퍼뜨릴 준비가 되어 있었다. 그렇기에 라이트가 마지막의 마지막까지 기다렸다가 폴링워터 디자인을 종이에 옮겼다는 이야기를 견습생들이 한 치의 망설임도 없이 발설했다는 점이 흥미롭다. 어쨌거나 라이트가 일을 미뤘다는 사실은 이 건축의 대가가 무책임하다거나 게으르다거나 고객으로부터 위협을 느껴야 겨우 작업에 돌입한다는 의미로 해석될 수도 있으니까. 하지만 사람들이 창작 과정을 얼마나 낭만화하고 싶어 하는지, 라이트의 조수들은 잘 알고 있었다. 평범한 일상 속에서 미루는 행동은 지루하고 불만스러울 수 있지만 위대한 예술가의 미루는 습관은 마치 그동안 영감을 받고 있는 듯 여겨지는 법. 때때로 광기가 그러하듯 말이다. 일을 미루는 사람은 광인과 마찬가지로 거칠고, 규칙을 깨뜨리며, 경계를 허문다. 라이트의 순례자들(그리고 우리 대부분)에게 폴링워터의 전설이 매력적으로 다가오는 이유는 이 전설이 우리가 확인하고 싶어 하는 사실, 즉 세상에는 보편적인 예술과 사업의 관습이 적용되지 않는 사람도 있다는 사실을 보여주기 때문이다. 그의 조수들이 우리에게 알려주었듯이 라이트는 엄청난 천재였다. 그는 해결해야 할 문제가 주어지면 누가 봐도 하등 중요치 않은 일을 하며 얼마간 시간을 보내지만 알고 보면 내내 무언가를 창조하고 있는, 그런 유형의 사람이었다. 가만히 있다가 위기의 순간이 닥치면 마치 마술처럼 머릿속에 있는 계획을 아무렇지도 않게 종이에 옮겨놓는 사람. 그리고 마침내 그 계획은 돌과 강철과 유리의 형태로 서부 펜실베이니아의 한 폭포 위에 자리하게 되었다.

집중력을 위한 방호복

일 미루는 사람 대다수는 자기 습관을 손톱만큼도 대단하다고 느끼지 않는다. 우리는 일을 해치우지 못할 때 좌절하고, 패닉에 빠진다. 주위 모든 것이 다 나의 적인 것만 같다. 소설가 조너선 프랜즌Jonathan Franzen은 〈뉴욕 타임스〉 기자에게 베스트셀러가 된 소설 《인생 수정》 대부분을 눈가리개와 귀마개, 귀싸개를 쓰고 외부 자극을 차단한 상태에서 썼다고 말했다. 글쓰기가 아닌 다른 유혹을 없애고 싶었던 것이다. 프랜즌에게 그 유혹이란 낮잠과 카드놀이, "빈둥거리면서 전동공구 만지작거리기"였다.

　프랜즌의 이야기를 들으면 몇 가지 골치 아픈 의문이 생겨난다. 첫 번째 의문, 프랜즌 세대의 미국인 남성이 자기 귀싸개를 갖고 있는 게 정말 가능한 일인가? 그다음은 이거다. 우리는 역사상 그 어느 때보다 유혹이 많은 시대를 살고 있는가? 그렇다는 것이 중론이고, 외부의 유혹은 평상심 유지하기와 마음 챙김 연습, 레이저처럼 세밀한 시간 분배를 통해 쳐부숴야 할 적으로 묘사된다. 우리를 일하지 못하게 방해하는 가상 세계의 유혹(트위터, 온라인 도박, 온라인 스포츠 게임, 온라인 쇼핑, 포르노, 핀터레스트Pinterest, 간밤에 방송된 〈코난 쇼Conan Show〉 동영상 등등)은 '사이버 농땡이cyberloafing'라는 신조어까지 만들어냈다. 테일러 세대의 '과학적 삽질'이 그러하듯 우리 세대를 잘 소개하는 용어라 할 수 있다.

외부 자극을 다 없애버리고 싶은 욕망은 소프트웨어와 감시 기술, 그리고 '집중!Concentrate!'이나 '싱크Think' 같은 이름을 가진 애플리케이션을 제작하는 소규모 산업을 만들어냈다. 사람들이 충동에서 스스로를 보호할 수 있게끔 도와주는 기술은 돈이 된다. 작가 제이디 스미스Zadie Smith는 소설《엔더블유NW》의 후기에서, 외부 자극으로부터 자신을 지켜준 인터넷 차단 애플리케이션 '프리덤Freedom'과 '셀프컨트롤SelfControl'에 감사의 말을 전하기도 했다.

물론 외부 유혹과의 전쟁은 인터넷이 생겨나기 전부터 존재해왔다. 자극적인 제목의 기사에 낚여 수상한 링크에서 또 다른 링크로 파도를 타며 오후를 날려 보낸 경험이 있다면 아마 휴고 건즈백Hugo Gernsback의 '아이솔레이터Isolator' 이야기를 들어본 적이 있으리라. 건즈백의 이야기는 수많은 '기묘한 뉴스' 사이트(인터넷을 하다보면 다다르게 되는 이런 사이트들은 주로 지금 꼭 해야 하는 일이 아닌 다른 할 일을 우리에게 제공하기 위해 존재한다)에서 쉽게 찾아볼 수 있다. 작가이자 편집자, 말 한번 번지르르하게 잘하는 장사꾼이었던 건즈백은 1926년 〈놀라운 이야기Amazing Stories〉라는 제목의 잡지를 창간했으며, (본인은 공상과학 소설을 "사이언티픽션Scientifiction"이라고 불렀지만 어쨌든) 오늘날 공상과학 소설의 아버지로 불리기도 한다. 1913년에서 1929년까지 〈과학과 발명Science and Invention〉이라는 잡지를 편집하기도 했는데, 이 잡지는 서투르게나마 직접 기계를 만지는 사람들과 아마추어 실험가들을 위한 공간이 되었다. 일을 미루는 사람은 미래에 매료된다는 점에서 건즈백과 같은 부류라 할 수 있다. 우리는 주어진 일을 하기에 미래가 가장 적합한 시기라고 믿는다.

건즈백이 아이솔레이터를 잡지에 소개한 건 1925년 7월이었다. 아이솔레이터는 작가와 지식 노동자가 눈앞에 있는 일에 집중할 수 있도록 돕는 장치로, 심해 다이버가 쓰는 장비처럼 호스로 산소 탱크에 연결된 헬멧을 사용자의 머리에 씌워 외부 자극을 차단한다. 헬멧은 외부의 소음으로부터 사용자를 보호하고, 시야를 좁은 틈 사이로 보이는 범위로 한정한다. 그러니까, 딱 글 한 줄씩만 볼 수 있는 것이다.

잡지에 실린 사진을 보면 건즈백이 아이솔레이터가 선사한 정적 속에서 글을 쓰는 모습을 확인할 수 있다. 전하는 바에 따르면 그 사람은 건즈백이 틀림없다지만, 뭐 어떻든 헬멧을 쓴 사람이 누구인지는 정확히 알 수 없다. 그가 누구든 간에 사진 속 인물은 마치 달 착륙에 필요한 장비를 완벽히 갖춘 듯 보이고, 그래서 그가 지금 하고 있는 일이 사무실 책상에 앉아 글이나 끼적거리는 것이라는 사실이 더더욱 우스꽝스러워진다.

건즈백은 전기 빗과 전기 브러시, 치아를 이용해 소리를 들을 수 있는 장치 등 여러 가지 발명품을 통해 여든 개의 특허를 따냈다. 외알 안경을 쓰고 레스토랑의 메뉴판을 정독하길 좋아했던 이 자기 홍보의 전문가는 약간의 손재주를 가진 괴짜로도 어느 정도 명성을 얻었다. 1963년 〈라이프〉지는 건즈백을 "우주 시대의 바넘•"이라고 칭했다. 아이솔레이터로 특허를 받진 못했지만, 어쨌든 아이디어만은 귀싸개와 눈가리개를 착용했던 프랜즌보다 한발 앞섰다고 할 수 있다.

오디세우스의 후예들

흡사 방호복 같은 아이솔레이터를 착장한 건즈백과 귀싸개를 쓴 프랜즌. 마치 공격으로부터 스스로를 방어해야 하는 양 안전한 곳을 찾아 헤매는 사람들 같다. 두려움과 불안으로 가득 찬 세계에서 나타나는 태도다. 그런데, 유독 작가들에게서 이러한 태도가 더 자주 나타나는 것이 정말 그리 놀라운 현상일까?

작가들은 일을 미루는 사람 중에서도 특별한 종족이라고 여겨지던 때가 있었다. 작가의 노동은 좀 다르다는, 또 작가와 편집자의 관계는 평범한 직장인이 상사와 맺는 관계와 다르다는 생각 때문이었다. 이미 마감이 한참 지난 소설 쓰기를 미루는 것이 주간 회의에서 발표할 안건 작성을 마지막 순간까지 미루는 것과 달라 보일 수는 있다. 하지만 계약 노동자의 수가 크게 늘어나면서 모

• P. T. Barnum. 1800년대에 유명세를 떨쳤던 서커스단의 단장으로, 과장과 거짓이 난무한 홍보 문구를 처음 쓰기 시작한 사람이다.

든 게 바뀌었다. 현재 브루클린과 시카고, 포틀랜드, 오스틴은 어슬렁거리는 프리랜서, 즉 미루기 전문가들로 가득 차 있다. 스케줄을 짜는 것이 자유로우면 스케줄을 완전히 내팽개치는 것도 자유로워지는 법. 몇 년 동안이나 고용주를 안 만나고 일하다보면 매번 마감을 지키기가 어려워지는 것도 당연하다. 태평하게 자기 직무를 유기해버리는 계약 경제의 특성이 일을 미루기를 예삿일로 만들어버린 셈이다.

하지만 미루기를 그저 외부 자극이 많은 우리 시대의 증상으로만 받아들이는 건 역사적으로도 철학적으로도 적절한 해석이 아니다. 우선, 사람들은 수백 년 전부터 일을 미뤄왔다(그리고 일을 미루는 자신을 혐오해왔다). 미루는 습관은 인터넷뿐 아니라 증기 기관차, 토스터, 여하간 웬만한 것보다 훨씬 일찍부터 존재했다. 뭐 어쨌거나, 트위터의 트윗이 밀려들고, 넷플릭스에서 날 기다리는 영화가 줄을 서 있을지 모른다. 하지만 일을 미루는 자들에게는 아직 돌파구가 남아 있다. 우리에겐 옵션이, 아마도 너무 많은 옵션이 있다. 옵션을 제한하고 줄이는 게 그 목적인데 이상하게도 (또는 목적이 정확히 그것이기에 당연하게도) '자유'라는 뜻의 이름이 붙은 인터넷 차단 애플리케이션 프리덤이 있고, 이와 비슷한 논리로 '자기통제'라는 뜻의 이름을 가진 애플리케이션 셀프컨트롤이 있는데, 이 애플리케이션의 사용자는 스스로를 통제하는 일을 프로그램에 하청 주고 그 일에서 손을 떼게 된다. 우리가 외부 자극에서 스스로를 보호하고 싶을 때 그렇게나 우리를 유혹하는 바로 그 장치에 의존한다는 점이 정말 괴이하지 않은가?

외부의 유혹은 사실 선택일 뿐이다. 그런데 그 선택하는 일이 참… 뭐 같다. 우리는 하나 이상을 원하지만 가질 수 있는 건 하나뿐이다. 우리는 자유를 원하지만 자유는 우리를 두려움에 덜덜 떨게 만든다. 우리는 스스로를 잘 모르기에 자신이 무엇을 원하는지도 잘 모른다. 어떤 나는 이걸 원한다. 또 다른 나는 다른 걸 원한다. 가장 근본적인 분열 가운데 하나는 바로 현재의 나와 미래의 나 사이의 분열이다. 현재의 나는 나에게 주어진 의무를 때려치우고 싶다. 미래의 나는 그렇게 해서 발생할 결과를 고려해야만 한다. 미루기는 우리 안의 국회에서 서로 개싸움을 벌이는 정당을 화해시키지 못했을 때 발생한다.

우리 안에서 벌어지는 이 싸움이 너무 맹렬해질 때면 얼마간의 자제력이 필요해진다. 이처럼 외부의 유혹과 자제력에 대한 논의가 진행될 때마다 빠짐없이 등장하는 인물이 있으니, 바로 그리스신화 속 영웅 오디세우스다. 여러분도 아마 들어봤을 것이다. 세이렌은 노래로 뱃사람들을 홀려 바위투성이 해안에 뛰어들어 죽게 만드는 마녀다. 세이렌의 노래에 넘어가지 않고 버텨보려 했던 오디세우스는 선원들에게 세이렌이 있는 곳으로 접근하면 자신을 돛대에 묶으라고 명했다. 오디세우스는 유혹이 덮치기 전에 스스로를 옴짝달싹 못 하도록 묶어버렸고, 이렇게 신중하게 계획한 덕분에 목숨을 구했다. (이 오래된 이야기에서 사람들이 종종 간과하는 점은, 돛대에 몸을 묶는 게 사실 오디세우스의 아이디어가 아니었다는 점이다. 그건 스스로 뛰어난 유혹자였기에 유혹을 피하는 법에도 통달했던 키르케가 오디세우스에게 제안한 아이디어였다.) 건즈백의 아이솔레이터는 스스로를 포박하는 또 하나의 기괴한 사례로 오디세우스의 직계존속이라 할 수 있다. 금주 보조제 안타부스Antabuse도 마찬가지다. 안타부스는 술을 마시면 불쾌 증세가 나타나는 효과를 일으킴으로써 술의 유혹을 피할 수 있도록 돕는다. 안타부스를 생산하는 회사의 이름은 오디세이 제약회사Odyssey Pharmaceuticals다.

나는 이 그리스의 오래된 이야기를 무지막지한 미루기 경험담으로밖엔 생각할 수 없다. 오디세우스가 전쟁이 끝난 뒤 곧장 집에 돌아가지 않고 지중해 근처를 쉼 없이 헤맨 이유를, 얌전히 집 안에 머무는 삶을 미뤄보려는 노력이 아니면 무엇으로 설명할 수 있겠는가? 오디세우스의 아내 페넬로페는 이보다 더 뛰어난 미루기 전문가다. 남편이 돌아오기를 기다리며 이타카에 머물던 페넬로페는 오디세우스가 한참 전에 죽었다고 확신하고 그의 자리를 차지하려 한 108명의 구혼자 떼거리에게 둘러싸였다. (108이라는 숫자를 보니 앨버트 엘리스가 도전했다는 100번의 데이트 신청이 떠오르는데, 어쨌든 간에) 페넬로페가 남편이 죽은 건 아닐까 의심했다 한들 누가 비난할 수 있었겠는가? 하지만 페넬로페는 빛나는 기지로 구혼자들의 청혼을 모면했다. 나이 지긋하신 시아버지의 수의를 짜야 하니 수의를 완성할 때까지는 아무도 청혼해선 안 된다고 주장한 것이다. 페넬로페는 3년에 걸쳐 수의를 짰고, 매일 밤 전날 짠 수의를 다시 풀어 작업을 무기한 연장했다. 페넬로페의 속임수는 정절을 노래하는 설화가 되었지만, 내 눈엔 페넬로페가 그 누구보다도 뛰어난 미루기의 거장으로 보인다. 페넬로페는 미루기와 간계, 기만이(심지어 자기기만조차) 얼마나 영웅적일 수 있는지를 생생하게 보여준다.

질병이 삶에 끼어들 때

매년 나는 독감 예방주사 맞기를 미룬다. 독감에 걸리기를 바라는 건 아니므로 이런 나의 행동은 말이 되지 않는다. 문제는 주사 맞는 게 그리 유쾌하지 않으며, 병원은 주사보다도 더 불쾌하다는 사실이다. 그래서 문제가 복잡해진다. 독감 예방주사를 맞는 일은 별것 아닌 일이어야 한다. 하지만 미루기 전문가 가운데 주사에 대해서 충분히 오래 생각해본 사람이라면 누구나 주사 맞는 일을 복잡한 문제로 만들 수 있다. 이건 딜레마다. 나는 왜 주사 맞기를 미룰까? 어느 정도는 언어에 책임이 있다. 주사*는 그 이름만

----

* shot. '주사'라는 뜻 외에 '발사', '총알'이라는 뜻도 있다.

으로도 공포를 불러일으키며, 따라서 피해야 할 일이 되어버린다. 이게 바로 일을 미루는 사람이 익히는 기술 중 하나다. 망설이면서 행동에 나서기를 미루다가, 망설임이 종종 합리화로 이어지고 (근거가 엉성해도 상관없다), 이 합리화 덕분에 계속해서 아무것도 안 해도 된다고 생각하는 기술.

생각이 너무 많은 게 문제라고 말하는 사람도 있다. 하지만 내가 보기에 그건 다소 자기애가 과한 설명이다. 마치 탁월한 지적 능력이 주인 말을 듣지 않고 제멋대로 움직여서 도저히 제어할 수 없는 상황이 일 미루는 사람의 진짜 문제인 것처럼 보이게 하지 않는가. 망설임은 사고의 방향이 행동에서 무위 쪽으로 바뀌는 것뿐이다. 어떤 사안에 대해 충분히 오래 생각해보라. 그러면 대개 그 일을 꼭 할 필요는 없게 된다. 나는 모든 건강관리도 미루기의 한 형태로 해석될 수 있다고 생각한다. 건강관리의 목적은 너무나도 자연스러운 과정(이 경우엔 죽음)을 미루는 것이다. 이렇게 보면 어쩌면 독감 예방주사를 맞으려고 줄 서서 기다리는 사람들이야말로 진정한 미루기의 거장들인지도 모른다.

병을 치료하는 행위도 모순적이다. 의사는 우리 몸을 열고, 우리에게 약을 주입하고, 우리의 신체에 침입한다. 이런 일들이 모두 건강이라는 명목하에 이루어진다. 오래 살고 싶어서 고통스럽고 폭력적인 건강 요법을 따르는 셈이다. 환자patient가 되는 일은 곧 짜증impatient을 견뎌야 하는 일이다. 병원 대기실에서 한 시간이 넘는 시간을 버려야 하고, 검사 결과도 기다려야 하며, 거기에 더해 의사에게 진찰받을 때면 내 삶의 통제권까지 잃게 된다. 병원 대기실의 의자에 앉아 한참을 기다릴 때보다 우리 몸뚱이를 더 생생하게 인식하는 때가 또 있을까? 지극히 사소한 검진조차 우리를 혼란에 빠뜨린다. 잘 조정된 일상의 규칙을 깨뜨리기 때문이다. 일단 의사가 옷을 벗으라고 하면 내 역량과 기술, 자산, 교육 수준은 아무 의미가 없어진다. 아직 질병으로 무력해지지 않았을 때조차 정기검진은 우리 존재를 취약하게 만든다. 이 종이 가운은 어떻게 입는 거지? 의사가 손으로 내 몸을 진찰할 땐 어딜 쳐다봐야 하는 거지?

질병 또한 일종의 미루기이자 임시적 상태다. 일상의 쉼표라고나 할까. 시험 보기 싫어서 감기에 걸린 척해본 아이들은 이게 무슨 말인지 잘 알 것이다. 나는 어렸을 때 꾀병 작전에 성공해본 적이 없는데, 지금 생각해보면 그래서 내가 어른이 된 뒤에도 자꾸 일을 미루는 게 아닌가 싶다. 일의 진행을 멈추기 위해, 내 삶을 지배하는 스케줄에 저항하기 위해 지금 이 나이까지도 애쓰고 있는 건 아닐까? 사실 건강한 아이가 기침이 나는 척, 목이 따가운 척 꾀병을 부리는 건 받아쓰기 시험 준비를 안 했기 때문만은 아니다. 이 아이는 질병이 만드는 진동과 색다른 경험에 이끌리는 것이다. 아이들에게 질병은 지루한 일상에서 벗어날 수 있게 해주는 짜릿한 탈출구다. 자기 집 소파에 앉아 텔레비전을 보거나 비디오게임을 하는 것도 그 자체로는 하나도 특별하지 않지만, 교실이나 과학실, 자습실에서 보내는 하루 일과에서 벗어난다는 의미가 더해지면 너무나도 달콤한 일탈이 된다. 아이들이 질병을 낭만화하는 방식은 수전 손태그가 《은유로서의 질병》에서 경고한 내용 그대로다. 질병은 사람을 흥미롭게 만든다.

결핵은 한때 창조성과 너무 강하게 결부된 나머지, 약으로 결핵을 치료할 수 있게 되자 평론가들은 결핵 치료가 문학 전반에 끼칠 영향을 두려워했다. 수전 손태그에 따르면 바이런은 자신의 창백한 얼굴에 감탄하며 폐결핵으로 죽기를 바랐다. "그러면 모든 숙녀들이 이렇게 말하겠지. '가여운 바이런 좀 봐, 죽은 모습이 너무 아름답다.'"

아파서 학교에 못 간 아이 또한 자신의 특별함을 자각한다. 누가 이 아이를 비난할 수 있겠는가? 질병은 (그게 가짜 감기라 해도) 사람을 완전히 바꿔놓는다. 학교에 안 가고 집에 있는 아이는 사실 교실에 있는 것과 다름없다. 이 아이의 존재감은 평소 진짜로 교실에 있을 때와는 비교할 수 없을 만큼 강력하다. 사람들은 아픈 아이를 걱정한다. 친구들은 숙제를 전해주러 집까지 찾아온다.

끔찍한 부상이나 질병은 유명인의 전기에 꼭 들어 있는 일화 중 하나다. 돌이켜보니 이 부상과 질병이 삶을 바꿨다는 얘기다. 시어도어 루즈벨트Theodore Roosevelt는 어린 시절 천식을 앓았고 프랭클린 루즈벨트Franklin Roosevelt는 소아마비를, 베토벤Ludwig van Beethoven은 청력 상실을 겪었으며 성 이그나티우스San Ignacio de Loyola는 팜플로나 전투에서 포탄을 맞아 큰 부상을 당했다. 비트 제너레이션을 대표하는 소설가 잭 케루악Jack Kerouac은 이름을 날리기 전 매사추세츠 로웰에 있는 고등학교 미식축구 팀의 발 빠른 풀백이었다. 스포츠에 미쳐 있던 어린 케루악은 대학 미식축구 대회에 참가해 두각을 나타내거나 권투로 세계 헤비급 타이틀을 거머쥐기를 꿈꿨다. 그리고 컬럼비아 대학에 입학해 1학년 미식축구 팀에 자리를 잡았다. 하지만 뉴저지에 있는 성 베네딕트 사립 고등학교와 맞붙은 첫 번째 경기에서 그는 공을 차다 다리가 부러졌다. 코치들은 부상을 심각하게 여기지 않았고 "꾀병을 부린다"며 케루악을 비난했다. 힙스터 꿈나무가 파이프 담배를 물고 라커룸을 빈둥빈둥 돌아다니며 다른 선수들에게 땀 흘리며 노력해봤자 카르마를 낭비하는 것일 뿐이라고 훈계하는 모습이 눈에 선하다. 케루악은 소설《코디의 환영Visions of Cody》에서 그의 또 다른 자아인 잭 둘루오즈의 목소리를 빌려 이렇게 말한다. "스크럼*이라니, 나 원. 난 이 방에 앉아서 베토벤이나 팔 거야. 고상한 문장을 쓸 거라고."

부상에서 회복한 뒤에도 케루악은 코치들과 충돌했다. (놀라야 하나?) 두 번째 시즌 중이거나 아니면 시즌이 끝난 뒤 언제쯤, 케

---

* 미식축구에서 양 팀 선수들이 어깨를 맞대고 공을 차지하기 위해 몸싸움을 벌이는 것.

루악은 대학을 그만두고 팀을 떠나기로 결정했다. 포기를 반복하는 삶의 시작이었다. 케루악은 전문대를 두 번 그만두었고, 1942년 해군에 입대했으나 기초 훈련을 끝마치는 데 실패했으며, 상선에 오르고는 석 달 만에 배에서 내렸다. 선박 조종사, 스포츠 기자, 웨이터 등 여러 가지 일을 전전했지만 그중 한 가지도 오랫동안 붙잡고 있지 않았다. 해군에 입대할 때는 자신의 이력이 너무 "빈약"한 것이 "공부에 시간을 너무 많이 들였기 때문"이라고 말했다. 1943년 해군은 "부적합"하다는 이유로 케루악에게 하선 명령을 내렸다. 케루악이 일종의 마스코트가 된 비트족의 생활방식은 사실 넓은 범위의 미루기라고밖엔 해석할 수 없다.

구겐하임 미술관의 나선 계단

일을 미루는 사람은 두 부류로 나뉜다. 시작한 일을 끝내지 못하는 부류(케루악)와 애초에 시작을 못 하는 부류(최후의 순간 폴링워터 설계를 마쳐 전설을 남긴 라이트)다. 라이트는 폴링워터 설계로 자기 커리어를 구했다. 폴링워터는 더 이상 기대할 것이 없는 한물 간 건축가였던 그를 다시 미국이 낳은 거장의 자리에 올려놓았고, 덕분에 대규모 작업 의뢰가 밀려들기 시작했다. 1943년 라이트는 솔로몬 구겐하임 미술관Solomon R. Guggenheim Museum의 설계를 맡았다. 이 일은 16년이 지나도록 끝을 보지 못했다. 라이트가 일에 착수하는 데 주저했기 때문이 아니라 세계대전이 발발한 데다 주민들의 반대를 극복해야 했기 때문이다.

개관 몇 달 전, 장폐색으로 응급수술을 받은 라이트는 결국 미술관이 완공되는 모습을 지켜보지 못한 채 합병증으로 사망하고 말았다. 그를 담당했던 의사 중 한 명은 기자들에게 라이트가 "만족스러울 정도로 잘 회복하고 있다가 갑작스럽게 사망했다"라고 전했다. 하지만 당시 라이트는 아흔한 살이었다. 우리 좀 솔직해지자. 갑작스러운 죽음을 맞이하기에 너무 이른 나이는 아니잖아요.

라이트는 구겐하임 미술관의 전시 공간을 나선형 통로로 만들었다. 500미터가 넘는 길이에 높이 6층에 달하는 이 나선형 통로는 천장에 채광창을 낸 중앙 공간을 중심으로 커다란 원을 만들어낸다. 라이트에게 나선은 열망과 초월의 이미지였다. 한편 이 통로는 다른 효과도 낸다. 서서히 하강하며 낮은 곳을 향하는 통로는 우리의 오디세우스처럼(또는 배수구로 흘러드는 물처럼) 길을 에두른다. 일을 미루는 사람이 그러듯이 결코 직선으로 나아가지 않으며, 한 가지 일에서 등을 돌려 다른 일로 향했다가 다시 돌아오기를 반복한다. 일은 차츰차츰, 조금씩 진행될 뿐이다. 아무것도 구하지 않을 때에야 비로소 지식을 손에 넣고 욕망을 채울 수 있으리라.

급할 것은 없다

다윈의 산책로

하지만 아직은 아니옵고Da mihi castitatem et continentiam, sed noli
modo.

– 아우구스티누스, 《참회록》

찰스 다윈의 다운하우스에서 멀지 않은 곳, 영국 켄트 지방의 경
계를 깎아내는 길 중에는 저 옛날 로마가 영국을 점령했던 시절부
터 존재한 것도 있다. 다윈이 이곳에 정착한 1840년대에 이미 이
길들은 좁아질 대로 좁아져 다윈의 말과 마차가 가까스로 지나갈
수 있을 정도였다. 오늘날에도 달라진 건 없다. 다운하우스를 방
문하기 위해 켄트에 갔을 때, 나는 런던에서 켄트까지 날 태워준
불가리아 출신의 우버 드라이버 드미티르에게 대략 1.5킬로미터
떨어진 곳에서 내려달라고 부탁했다. 이 시골길을 산책하겠다는
생각에서였다. 위대한 인물 다윈처럼 이곳저곳을 거니는 내 모습
이 머릿속에 그려졌다. 다윈도 바로 이 풍경 속을 걸으며 수없이
많은 아침나절을 보냈겠지.

터무니없을 정도로 기막히게 아름다운 길이었다. 11월 중순인데도 들판은 여전히 푸릇푸릇했고, 옅게 낀 안개 속에서 길을 따라 매력 넘치는 오두막과 돌담이 늘어서 있었다. 땅은 부드럽고도 비옥했다. 그런데 이 좁은 오솔길을 따라 방향을 꺾는 순간 엄청나게 빠른 속도로 달리는 랜드로버와 마주쳤고, 나는 그대로 그 매력 넘치는 돌담에 박혀버릴 뻔했다. 마음을 가라앉히며 이 경험을 다윈의 교훈으로 삼기로 했다. 희소한 자원(오솔길의 좁은 공간)을 두고 벌이는 자연의 경쟁에서는 언제나 적자(랜드로버)가 그보다 덜 적합한 자(나)보다 우세하다.

히스로 공항에 도착해 비행기에서 내리는 순간부터 다윈의 영향력을 보여주는 표지와 마주치기 시작했다. 시작은 커피를 주문하고 거스름돈으로 받은 10파운드짜리 지폐였다. 지폐 앞면에는 엘리자베스여왕의 초상이, 뒷면에는 다윈의 초상이 있고 그 한쪽 구석에는 다윈이 쓰던 확대경 그림이 있다. 주로 작은 물질을 관찰하여 그 결과를 바탕으로 위대한 발상을 해낸 인물과 잘 어울리는, 꽤나 적절한 그림이다.

비틀거리며 비글호에서 내린 1836년 이후 다윈은 한 번도 일자리를 갖지 않았다. 죽을 때까지 영국을 떠나는 일도 없었다. 주로 집에 머물며 글을 쓰고, 시름에 잠기고, 산책을 했다. 다윈에게 집은 관찰 기지이자 실험실이자 도서관이었다. (다윈이 다운하우스를 선택한 건 토양 성분과 생물지리학적 다양성 때문이기도 했다. 다윈이 부동산 중개인과 나눴을 대화가 그려진다. "화장실이 세 개면 좋긴 하겠지만, 내가 정말 원하는 건 탄산석회가 섞인 토양입니다.")

다운하우스에 자리를 잡은 다윈은 배 밑바닥에 붙은 따개비인 양 집에 콕 박혀 지냈던 듯하다. 그는 나름의 방식으로 일에 몰입했다. 난초와 앵초를 키웠고, 식충식물을 재배해 손톱 자른 것을 먹여가면서 식충식물이 어디까지 소화시킬 수 있는지 실험했다. 가로 60센티미터에 세로 90센티미터쯤 되는 작은 땅을 깨끗하게 정리한 다음 바람에 날아온 잡초 씨앗 중 어떤 것이 뿌리를 내리고 어떤 것이 죽는지를 꼼꼼하고도 방대하게 기록했다. 그리고 물론, 따개비를 해부했다.

다윈은 다운하우스에서 따개비를 연구하며 8년을 보냈다. 지적으로 가장 뛰어난 시기의 피 같은 8년이었다. 심지어 다윈 본인에게도 지나치게 긴 시간이었다. 다윈은 이 자그마한 생물을 들여다보는 것에 진저리가 났다. "여태껏 나만큼 따개비를 증오한 사람도 없을 거야"라며 친구에게 불평을 늘어놓기도 했다. 마침내 다윈은 자신이 따개비에 홀려서 너무 많은 세월을 흘려보낸 것일지도 모른다는 가능성에 직면했다. 따개비를 연구한 8년 동안 또 다른 박물학자인 앨프리드 월리스Alfred Wallace가 다윈이 수십 년 동안 생각해온 진화의 경로를 더듬어나가기 시작하며 진화론의 창시자 자리를 위협한 것이다. 따개비 때문에 과학사의 명사 자리를 잃을 수도 있는 상황이었다. 하마터면 다윈은 10파운드 지폐의

뒷면에 실리지 못할 뻔했다.

월리스의 연구 내용을 알게 된 그는 오래전부터 더 이상 일을 미루지 말라고 경고해온 친구에게 이렇게 편지를 썼다. "자네의 말이 위험한 현실이 됐어."

하지만 따개비가 다윈에게 가르쳐준 것도 있다. 따개비의 종류는 끝이 보이지 않을 정도로 다양했다. 다리가 없는 따개비, 자웅동체인 따개비, 항문이 없는 따개비…. 다윈에게 자연선택의 근거를 제공해준 것이 바로 이 별것 아닌 변이들이었다. 처음 따개비를 해부하기 시작하면서 쓰고자 했던 논문은 시간이 흘러 네 권 분량의 책이 되었다. 그리고 1853년이 되자 그 책은 다윈에게 로열 메달*을 안겨주었고, 이 메달로 다윈은 과학계에서 좋은 평판을 얻을 수 있었다. 어쩌면 이 상이 다윈에게 《종의 기원》을 집필할 용기와 자신감을 불어넣어줬을지도 모를 일이다.

다윈의 정원

다운하우스의 수석 정원사인 로언 블레이크Rowan Blaik는 다운하우스 부지에 머물며 다윈이 생전에 사랑했던 나무와 산울타리와 잔

---

* 영국 왕립학회가 매년 영국연방에서 자연에 관한 지식 발전에 가장 중요한 공헌을 한 사람에게 주는 상.

디를 손질한다. 로언이 이런 생활에 대해 들려주었을 때 나는 꽤나 로맨틱한 삶인 것 같다고 말했다. 그가 실제로 허리를 굽히고 육체노동을 해야 한다는 사실을 고려하지 않은 발언이었다. 정원은 남의 정원이 가장 아름다운 것 같다.

다윈의 정원 어디를 가든 이 위대한 박물학자도 그곳을 걸었으리라는 것을, 지금 내가 보고 있는 것과 크게 다르지 않은 풍경을 보았으리라는 것을 알 수 있었다. 다윈에게 정원은 자연이 만든 도서관이었고, 그는 문제의 해답을 찾아야 할 때마다 정원을 찾았다.

정원을 둘러보다가 문득 내가 깊은 생각에 빠진 사람처럼 뒷짐을 지고 (평소에는 절대 하지 않는 행동이다) 고개를 살짝 앞으로 숙인 채 걷고 있다는 사실을 깨달았다. 아마 빅토리아시대의 신사다운 과학자는 깊은 생각에 빠졌을 때 이렇게 걸었으리라 상상했던 모양이다. 빅토리아시대의 신사다운 과학자에 대해, 또는 깊은 생각에 대해 아는 바는 별로 없지만.

"다윈은 문제에 부딪칠 때마다 산책을 했대요." 블레이크가 정원을 안내해주며 말했다. 다윈이 얼마나 산책을 많이 했는지를 생각해보면 그의 삶은 하나의 거대한 문제였다고도 할 수 있다. 다윈은 정원 열 바퀴를 돌 때까지 난처한 문제를 해결하지 못하면 그건 애초에 자신이 해결할 수 없는 문제이리라 생각했다고 한다. 블레이크의 말에 따르면, 그는 말년에 이르러 너무 쇠약해져 혼자 걸을 수 없게 되자 휠체어를 타고 정원을 돌아다녔다. 다윈에게 산책 시간을 놓치는 건 상상조차 할 수 없는 일이었다. 혼자 걸을 수 없을 때조차도 말이다.

다윈은 언제나 정원을 시계 방향으로 걸었다. 그래서 블레이크와 나도 시계 방향으로 걸었다. 블레이크는 다윈이 심은 나무와 켄트 다운스에서 서레이 힐까지 이어지는 아름다운 경치를 보여주었다. 저 멀리 언덕에 검은 구름이 걸려 있었고, 해가 저지대에 조각조각 그림자를 만들어놓았다. 다윈의 집은 잉글랜드와 웨일스를 열십자로 가로지르는 공공 통행로에 면해 있었다. 이 길을 따라 켄트 지방 전체를 가로지르면(아니지, 잉글랜드 전체도 가능하잖아?) 얼마나 멋질까.

한창 몽상에 빠져 있는데 비가 퍼붓기 시작했다. 어마어마한 폭우였다. 옅은 안개도, 부드럽고 비옥한 땅도 사라지고 온통 줄기차게 쏟아지는 비뿐이었다. 블레이크가 다윈의 온실에서 비를 피하자고 했다. 마치 버스 정류장 아래로 달려가듯 식물학사에 중요한 의미를 남긴 곳에서 비를 피할 수 있다니 꽤나 멋진 일이었다. 우리는 난초 한가운데서 비가 그치기를 기다렸고, 블레이크는 다윈에 대한 각종 정보를 전수하려 애쓰며 시간을 보냈다. 비가 온실 유리창을 마구 두드렸다. 다윈의 온실 안을 어슬렁거리다 보니, 문득 오늘처럼 폭풍우가 몰아치는 날 다윈도 지금과 똑같은 빗소리를 들었을지 궁금해졌다. 아마 그런 적은 없으리라. 블레이크가 해준 말에 따르면, 다윈은 하루를 15분 단위로 나누어 계획을 세우고 활용했다. 아마 그랬기 때문에 그만큼 많은 책을 출간할 수 있었을 것이다. 사람들은 다윈이 엄청나게 일을 미루는 사람이었다고 생각하지만, 사실 그는 자기 관리에 대단히 능했다.

급할 것은 없다

미루기를 옹호하는 게 가능할까? 미루는 행동을 두둔하는 건 신문의 과학 및 건강 섹션 편집자가 좋아할 만한, 사회의 통념을 반박하는 이야기와 비슷할 거다. 왜 그런 거 있잖은가. 그동안 유해하다고 여겨진 습관(붉은 고기 섭취나 와인 마시기 등)이 사실은 몸에 좋다는 기사.

고대 그리스에서는 소송에서 누군가의 결백을 입증하려 할 때와 같이 어떤 사람을 변호하기 위해 미리 준비한 연설을 '아폴로지아apologia'라고 불렀다. 하지만 지금 영어의 어폴로지apology는 그와 정반대의 의미를 갖는다. 오늘날 어폴로지는 사과한다는 뜻이고, 사과한다는 것은 즉 실수를 시인한다는 의미다. 유죄 인정. 처음에 나는 사과이자 아폴로지아, 자백이자 옹호로 이 책을 구상했다. 내 죄를 전부 자백하는 와중에도 스스로를 변호하고 싶었고, 내 미루는 습관을 합리화하고 싶었다.

우리 집 현관문 문고리가 덜컹거린 지가 꽤 되었다. 어느 정도 힘을 주어 홱 잡아당기면 툭 빠져버릴 것 같은 상태다. 나와 가족들은 문고리를 적당한 세기로 잡아당기는 법을 익혔다. 그렇게 우리는 문고리를 애지중지하며 최대한 부드럽게 어루만지고 있고, 별다른 문제는 없다. 지금까지는 다 괜찮다.

누군가는 이렇게 말할지도 모르겠다. "그놈의 문고리 그냥 고치라고!"

나 또한 오래전부터 스스로에게 그렇게 말해왔다고 고백한다면 좀 나을까? 그놈의 문고리를 고치는 일은 내 투두 리스트에 붙박이처럼 자리 잡고 있다. 나는 꽤 자주 이 리스트를 확인하는 편이고, 그때마다 그놈의 손잡이를 고쳐야 한다는 사실을 상기한다. 하지만 아직 행동에 옮기지는 않았다.

손잡이 고치는 일을 미뤘을 때 발생 가능한 최악의 결과가 뭘까? 손잡이가 문에서 완전히 빠져버리면 나갈 방법 없이 집 안에 갇힌 채 자물쇠 수리공을 불러야 할 것이다. 꽤나 난처하겠지. 하지만 지금 당장 행동에 나서게 만들 정도로 난처한 상황은 아니다. 급할 건 없다. 오래전부터 문고리는 덜컹거렸고 나는 내내 잘 지내고 있으니. 서두를 필요가 없다.

치과 진료를 예약하는 것도, 차량 등록을 갱신하는 것도, 보일러 필터를 청소하는 것도, 마침내 부엌 시계를 서머타임에 맞추어 돌려놓는 것도 급할 게 전혀 없다. 아니, 서머타임에서 원래대로 돌려야 하던가? 난 사실 서머타임에 따라 시간을 앞당기고 늦추는 일을 제때 해본 적이 한 번도 없다. 서머타임이 끝난 건지 시작된 건지, 어쨌든 몇 주 전에 뭔가 변화가 있었다. 그때부터 나는 집에 있는 시계를 볼 때마다 머릿속으로 한 시간을 더하고 있다. 아니, 한 시간을 빼고 있나?

미루기의 거장들이 가르쳐준 것

이렇게 해야 할 일을 미룰 때 괴로워지는 지점은, 이상적인 버전의 내가 해야 한다고 생각하는 일을 현실 버전의 나는 안 하고 있다는 점이다. 리히텐베르크도, 레오나르도도, 그 밖의 수많은 미루기의 거장들도 이 문제로 괴로워했다. 레오나르도는 임종 때 이렇게 스스로를 비난했다고 전한다. "아무것도 끝내질 못했어!" 해야 할 일을 제때 처리하지 않으면 결국엔 후회하게 된다는 교훈을 전하는 이야기다.

미루기의 거장들이 내게 가르쳐준 게 있다면 그건 우리가 하고 싶어 하는 일이 대부분 진짜, 진짜, 진짜로 어려운 일이라는 거다. 다른 나라의 언어 배우기. 그동안 겁내고 있던 프로젝트에 착수하기. 데이트하고 싶은 상대에게 말 걸기. 우리를 불편하게 만드는 임무들이다. 실패와 고통, 난처함을 감수해야 하기 때문이다.

해야 하는 일이 그리 어렵지 않은 경우라도 유혹은 여전히 남아 일을 미루고 싶게 만든다. 그럴수록 과제는 더 어려워지고, 도전 정신을 더 많이 발휘해야 하고, 그러므로 더욱 흥미로워진다. 어쩌면 이러한 이유 때문에 미루기의 전문가들이 눈앞에 놓인 일에 당장 덤벼들기보다는 옷장을 정리하거나, 음악 스트리밍 서비스의 재생 목록 이름을 전부 다시 붙이거나, 따개비 연구를 하며 수년을 보내는 편이 훨씬 나을 거라고 생각하는 게 아닐까.

과학은 당장 손을 써서 세계를 훼손하는 짓을 멈추지 않는다면 이 세계와 함께 우리까지 파멸하고 말 거라고 경고한다. 하지만 사람들 대부분은 추상적인 미래보다 구체적인 현실에 더 관심을 쏟는다. 우리는 생각을 미루고 싶어 한다. 하지만 반성하고 방향을 바꿔야 한다. 그것도 너무 늦기 전에. 그러지 않으면 후회하게 될 테니까.

그런데, 하나도 후회하지 않길 바라는 게 더 황당한 일 아닌가?

당연히 나는 후회하게 될 것이다. 이미 후회 머신이다. 당연히 해야 할 일을 다 끝내지 못할 것이다. 어떻게 그러지 않을 수 있겠는가? 충분히 체계적이고 이성적으로 살아간다면 100퍼센트 만족스러운 상태로 죽을 수 있다고 믿는가? 나는 결코 스스로 원하는 만큼 완벽할 수 없을 것이고, 스스로 원하는 만큼 끝내주게 멋질 수도 없을 것이다. 나에겐 둘 다 필요하다. 해야 하는 일에서 도망가는 것도, 흠잡을 데 없는 착실함도. 후회도, 실천도.

나는 인간이다. 나의 결점은 나의 가장 훌륭한 점과 따로 떼어 놓을 수 없다.

진화론과 지렁이

찰스 다윈은 1882년에 세상을 뜰 때까지 스물다섯 권의 책을 남겼다. 마지막 책은 지렁이에 관한 내용이었다. 다윈은 다른 중요한 일을 하고 있지 않을 때면, 이를테면 지성사를 다시 쓰고 있지 않을 때면 지렁이 연구에 시간을 바쳤다. 비글호에서 내린 때부터 거의 반세기 동안 지렁이에 푹 빠져 지냈다.

지렁이는 연구 주제치고는 다소 평범, 아니 초라해 보일 수 있다. 하지만 다윈은 세계에 놀라울 정도로 막대한 영향을 끼치는 지렁이의 힘을 잘 알고 있었고, 토양개량과 순환 작용, 심지어 고대 유물 보존에 뛰어난 지렁이의 자질을 존경했다. 한 친구에게 "우리는 지렁이에게 고마워해야 해"라고 편지를 쓰기도 했다. 그가 어마어마한 결과로 귀결되는 작은 움직임에 관심이 많았던 것을 고려하면, 지렁이야말로 다윈의 특성을 잘 보여주는 연구 주제인 셈이다.

다윈의 지렁이 연구 중에는 수년이 걸린 것도 있었다. 한번은 집 뒤의 벌판에 돌을 하나 놓고 시간의 흐름에 따라 돌이 얼마나 깊이 가라앉는지를 측정한 적도 있었다. 지렁이가 토양을 얼마나 밀어낼 수 있는지 확인하기 위해서였다. 초창기 거석 중 일부가 어떻게 지렁이 똥에 파묻혔는지 알아내기 위해 스톤헨지를 찾아가기도 했다(참고로 다윈은 여행을 좋아하지 않았다). 온 가족을 지렁이 연구에 끌어들여, 지렁이가 음악에 어떻게 반응하는지 알아보겠다며 아이들에게 바순과 피아노를 연주하고 입으로 온갖 소리를 내보라고 시킨 일도 있었다. (지렁이는 아들의 바순 연주에는 무관심했지만, 피아노 위의 그릇 안에 있을 땐 피아노의 진동에 매우 민감하게 반응했다.) 다윈이 지렁이 연구에 관해 쓴 편지를 읽노라면, 아마 그는 이런 식으로(지렁이 떼에 둘러싸여, 책상 앞에 앉아 실험에 몰두하며) 평생을 보냈어도 만족했으리라는 점을 느낄 수 있다. 사람들의 기억에 남을 위대한 발견이야 하든 말든. 다윈이 마침내 마무리한 지렁이 책은《지렁이의 습성을 관찰한 결과 알게 된, 지렁이의 활동을 통한 식물 재배 토양의 형성 The Formation of Vegetable Mould, Through the Action of Worms, with Observations on Their Habits》이라는 제목으로 출간되었다. 그리고 불티나게 팔려 몇 주 만에 재판을 찍었다. 어떻게 그러지 않을 수 있었겠는가? 제목이 저런데.

다윈은 본인이 찬양해 마지않았던 지렁이들처럼 기나긴 게임을 했다. 그렇게 다른 사람은 알아채지 못하는 것(따개비와 지렁이의 특징)을 알아챘고, 그렇게 발견한 내용의 중요성을 인지했다. 이러한 관찰들은 쌓이고 쌓여 원래의 형태보다 훨씬 엄청난 무언가가 되었다. 우리는 주로 진화론이라는 거대한 발상으로 다윈을 기억하지만, 그 거대한 발상은 작은 관찰들이 토대를 닦아주지 않았더라면 나올 수 없었을 것이다. 눈을 감기 직전, 다윈은 오래된 친구에게 마을 교회의 묘지 중 "세상에서 산성이 가장 적은 땅"으로 묻힐 곳을 점찍어두었다고 말했다. 그곳에서 다윈은 쭉 지렁이와 함께할 것이었다.

멈추어 생각하기

로언 블레이크와 다운하우스에 작별 인사를 했다. 런던으로 돌아갈 시간이었다. 여기서 대략 800미터 떨어진 다운 빌리지에서 우버 드라이버 드미티르와 만나기로 해두었다. 도로 사정이 도와준다면 런던에 있는 호텔에 제때 도착해서 편집자와 약속한 전화 통화를 할 수 있을 것이고, 한참 전에 약속했지만 거의 한 달째 전달하지 못한 원고의 개요도 완성할 수 있을 터였다.

다운 빌리지로 가는 길에 공공 통행로의 진입로를 만났다. 길은 동화책에 나올 것만 같은 들판을 가로질렀고, 양쪽에는 단풍나무와 호랑가시나무 덤불이 나타났다. 저 멀리 풍요로워 보이는 오두막들과 울타리로 둘러싸인 정원이 어른거렸다. 그 모든 것이 나를 유혹하고 있었다. 이 길이 이끄는 곳으로 따라가면 작은 모험을 할 수 있으리라는 생각이 들었다. 늦은 오후가 되자 아까의 폭풍우는 사라졌다. 이제 가을의 태양이 오크의 잎사귀를 비추고 공기 중에 금색 가루가 둥둥 떠다녔다. 워즈워스William Wordsworth의 시가 떠오르는 풍경이었다. 이런 기회가 또 있을까? 몇 킬로미터를 걸어보고 다윈처럼 이 시골 풍경에서 영감을 얻을 수 있는지 확인해볼 수 있을 거야. 엽서에 나올 것처럼 아름다운 마을에서 작은 술집을 만날 수도 있어. 안 그래도 지도에서 근처 마을 이름을 보고 흥미를 느낀 참이었다. 비긴힐Biggin Hill. 배저스 마운트Badgers Mount. 프래츠 버텀Pratts Bottom. 내 눈에 이런 마을만 보인 걸까, 아니면 켄트 지방에 있는 마을 이름이 다 이렇게 선정적인 건가?*

마감 때문에 로맨틱한 켄트 외곽 산책을 놓친다면 너무 아까울 것이었다. 나는 길을 따라 걸어가기 시작했다. 하지만 문득 편집자가 내 전화를 기다리고 있을 거라는 생각이 다시 떠올랐고, 마을에서 나를 찾고 있을 우버 드라이버 드미트르도 생각났다. 두 사람을 그대로 바람맞힐 수는 없었다. 다시 방향을 바꿔 마을을 향해 걷기 시작했다.

한 100미터쯤 걷는데, 영혼을 좀먹는 자본주의의 요구에 굴복해 평생 기억에 남을 만한 경험을 놓치는 건, 그러니까 다윈도 걸

---

* 직역하면 차례대로 '커다란 젖가슴 언덕', '오소리의 교미', '멍청이의 궁둥이'라는 뜻이다.

었을 그림 같은 길을 따라가지 않는 건 창피한 일이라는 생각이 들었다. 위대한 미루기 거장의 자취를 따라가면서 배운 것이 있다면, 바로 해야 할 일을 하지 않을 구실을 생각해내는 능력이야말로 내 머리가 제공하는 최고의 선물 중 하나라는 점이었다. 삶을 풍성하게 만들어주는 건 무엇도 아닌 우리의 도피, 우리의 가벼운 망상과 자기기만이다. 이것들 덕분에 의무와 지배 체제에 조금이라도 덜 휘둘리는 느낌을 받을 수 있는 것이다. 그래서 나는 다시 한 번 방향을 돌려 공공 통행로를 따라 걷기 시작했다.

하지만 의무란 쉽게 털어버릴 수 없는 것. 눈부신 길을 따라 느긋하게 산책을 해야 하는데 죄책감이 스멀스멀 기어 올라왔다. 이런 소리가 들리는 것 같았다. 네가 지금 당장 해야 할 일은 런던으로 돌아가 업무를 처리하는 거야. 어른스럽게 행동해, 프로답게 굴라고.

나는 그 자리에서 멈추어 이 문제에 대해 생각해보았다. 마을로 돌아가서 해야 하는 일을 처리하거나, 공공 통행로를 따라 탐험에 나서거나 둘 중 하나뿐이다. 이 길을 따라가면 해야 하는 일을 미뤄야 한다. 런던으로 돌아가면 길 위의 모험을 미뤄야 한다. 어떤 선택을 내려도 무언가를 미룰 수밖에 없었다.

코너에 몰려 더 이상 나의 합리화를 신뢰할 수 없게 되었다. 이쯤 되자 무엇이 의무이고 무엇이 도피인지 확실하지 않았고, 내가 정말 하고 싶은 게 무엇인지조차 알 수 없게 되었다. 해야 할 일을 미뤄야 할지 말아야 할지 결정하는 것은 고사하고, 도대체 어떤 선택이 미루는 행동인지조차 혼란스러웠다. 하고 싶지 않다고 확실하게 말할 수 있는 단 하나는 앞뒤로 왔다 갔다 하면서 그 어디에도 가지 못하는 것, 그러니까 그 순간 정확하게 내가 하고 있던 짓이었다.

바로 그때 우버 드라이버 드미티르가 내 앞에 나타났다. 다운빌리지로 향하던 중 나를 발견한 것이다. 드미티르는 빵빵 경적을 울린 다음 차를 세우고 창문을 내렸다. 나는 서둘러 드미티르에게로 달려갔다.

문득 그날 아침 내가 했던 생각이 떠올랐다. 어떤 공식 국제기구(유네스코였나?)에서 위대한 업적이 이루어지지 않았거나 혹은 즉시 이루어지지 않은 장소를 모아 세계 미루기 유산을 지정해야 한다는 생각이었다. 찰스 다윈의 다운하우스는 볼 것도 없이 당연히 지정된다. 엘시노어에 있는 햄릿의 성도 괜찮다. 이곳들은 해야 할 일이 아닌 다른 일을 할 수 있는 장소를 찾아 헤매는 미루기 선수들에게 좋은 순례지가 될 것이다. 구부러진 저 길 너머에 무엇이 있는지 보고 싶다는 욕망에서 여행 충동이 생겨나듯, 미루기는 지금 해야 하는 일보다 더 나은 일이 있을 수 있다는 사실, 그게 뭐든 지금 해야 하는 일보다는 나으리라는 사실을 인정하는 데서 시작된다. 다른 일을 할 수 있다고, 더 나은 일이 있을 수 있다고 생각하면 그 일이 뭔지 전혀 알지 못한다 하더라도 마음이

편해진다. 내가 한 명 더 있으면 얼마나 좋을까. 그래서 어느 때든 부지런히 움직이면서 동시에 늘어져 있을 수 있고, 일을 미루는 사람이면서 동시에 야심 차게 성취해낼 수 있다면.

"런던으로 돌아갈 준비 됐어요?" 드미티르가 창문 너머로 내게 물었다.

간단한 질문이었다. 하지만 나는 오랜 시간 말없이 서 있던 끝에야 마침내 대답할 수 있었다.

이 미루기 전문가는 다음 분들에게 감사의 말 전하는 것을 이미 지나치게 오랫동안 미뤄왔습니다.

오래된 친구이자 내게 끊임없이 영감을 주는 마이클 헤이니 Michael Hainey와 존 더피John Duffy 박사, 〈스톨워트Stalwart〉 매거진의 편집자 짐 윈터스Jim Winters, 너무나도 명석한 제니퍼 이건Jennifer Egan, 매의 눈을 가진 마이클 시칠리아노Michael Siciliano와 애더 브룬 스타인Ada Brunstein, 그리고 나를 올바른 방향으로 인도해준 휴즈 이건Huge Egan에게 감사를 전합니다.

너그럽게 시간을 내어 미루기에 대한 학문적 관점을 나눠주신 조 페라리와 팀 피칠, 로라 라빈, 마크 화이트Mark White(책에 오류가 있다면 물론 전부 저의 잘못입니다), 다운하우스를 안내해주신 로언 블레이크, 데일 라일스와 저를 친절하게 맞이해준 리히텐베르크 소사이어티의 모든 회원들, 뉴올리언스의 앤서니 리골리 신부님,

고맙습니다.

지치지 않고 나를 응원해준 현명한 래리 와이즈먼Larry Weissman과 자샤 알퍼Sascha Alper, 데이스트리트북스Dey Street Books 출판사의 전문가 줄리아 차이페츠Julia Cheiffetz와 하이디 리히터Heidi Richter, 숀 뉴코트Sean Newcott, 리타 마드리갈Rita Madrigal, 그리고 시카고의 우리 가족, 개리Gary와 메리 케이Mary Kay, 글렌Glenn, 글로리아Gloria, 고마워요.

처음 미루기에 대한 책을 써보라고 제안하고 인내심 있게 기다려준 〈노트르담 매거진Notre Dame Magazine〉의 케리 템플Kerry Temple에게 특별히 감사 인사를 보냅니다.

마지막으로 무엇보다 가장 중요한 것들을 주신 A-L과 앤디Andy에게 고마운 마음을 전합니다.

참고 문헌

Akerlof, George A. "Procrastination and Obedience." *The American Economic Review* 81, no. 2 (1991): 1–19.

Anderson, Fred. *The Crucible of War: The Seven Years' War and the Fate of Empire in British North America, 1754–1766*. London: Faber & Faber, 2001.

Andreou, Chrisoula, and Mark D. White, ed. *The Thief of Time: Philosophical Essays on Procrastination*. Oxford: Oxford University Press, 2010.

Augustine. *Confessions*. Translated by Henry Chadwick. Oxford: Oxford University Press, 1992.

"Battle of Brown's Mill," *GeorgiaHistory.com*, Georgia Historical Society. June 16, 2014, http://georgiahistory.com/ghmi_marker_updated/battle-of-browns-mill/.

Baumeister, Roy F., and John Tierney. *Willpower: Rediscovering the Greatest Human Strength*. New York: Penguin Books, 2012.

Benchley, Robert. *Chips Off the Old Benchley*. New York: Harper Bros., 1949.

Berglas, S., and E. E. Jones. "Drug Choice as a Self-Handicapping Strategy in Response to Noncontingent Success." Journal of Personality and Social Psychology 36, no. 4 (1978): 405–17.

Berryman, John. *The Dream Songs*. New York: Farrar Straus and Giroux, 1991.

Black Robe (movie). Directed by Bruce Beresford, 1991.

Brands, H. W. *The First American: The Life and Times of Benjamin Franklin*.

New York: Anchor Books, 2002.

Brown, Peter. *Augustine of Hippo: A Biography.* Berkeley: University of California Press, 1970.

Eco, Umberto. *The Infinity of Lists: From Homer to Joyce.* London: MacLehose Press, 2012.

Ellis, Albert. *All Out!: An Autobiography.* Amherst, N.Y.: Prometheus Books, 2010.

Ellis, Albert, and William J. Knaus. *Overcoming Procrastination.* New York: Institute for Rational Living, 1977.

Ellis, Albert, and Shawn Blau, eds., *The Albert Ellis Reader.* NewYork: Citadel Press Books, 1998.

Engammare, Max. *On Time, Punctuality and Discipline in Early Modern Calvinism.* Translated by Karin Maag. Cambridge: Cambridge University Press, 2010.

Ferrari, Joseph R. *Still Procrastinating?: The No-Regrets Guide to Getting It Done.* Hoboken, N.J.: John Wiley & Sons, 2010.

Ferrari, J. R., and D. M. Tice. "Procrastination as a Self-Handicap for Men and Women: A Task Avoidance Strategy in a Laboratory Setting." *Journal of Research in Personality* 34 (2000): 73–83.

Fischer, David Hackett. *Washington's Crossing.* Oxford: Oxford University Press, 2004.

Fox, Margalit. "Les Waas, Adman, Dies at 94; Gave Mister Softee a Soundtrack." *New York Times,* April 27, 2016.

Gleick, James. "The Making of Future Man." NYRDaily. *The New York Review of Books,* January 31, 2017. http://www.nybooks.com/daily/2017/01/31/hugo-gernsback-making-of-future-man/.

Johnson, Paul. *Darwin: Portrait of a Genius.* New York: Viking, 2012.

Kanigel, Robert. *The One Best Way: Frederick Winslow Taylor and the Enigma of Efficiency.* Cambridge, Mass.: MIT Press, 2005.

Kemp, Martin. *Leonardo.* Oxford: Oxford University Press, 2004.

Kingwell, Mark. *Catch and Release: Trout Fishing and the Meaning of Life.* New York: Viking, 2004.

Knaus, William. *The Procrastination Workbook.* Oakland, Calif.: New Harbinger Publications, 2002.

Konnikova, Maria. "Getting Over Procrastination." *The New Yorker,* July 22, 2014. https://www.newyorker.com/science/maria-konnikova/a-procrastination-gene.

Lichtenberg, Georg Christoph. *The Waste Books.* Translated by R. J. Hollingdale. New York: New York Review Books, 2000.

McNamara, Pat. "Edgar Allan Poe and the Jesuits," *Patheos.com,* October 31, 2011, http://www.patheos.com/resources/additional-resources/2011/10/edgar-allan-poe-and-the-jesuits-pat-mcnamara-11-01-2011.

McPherson, James M. *Battle Cry of Freedom: the Civil War Era.* New York: Oxford University Press, 1988.

Menand, Louis. "The Life Biz," *The New Yorker,* March 28, 2016.

Pychyl, Timothy A. *Solving the Procrastination Puzzle: A Concise Guide to Strategies for Change.* New York: Jeremy P. Tarcher/Penguin, 2010.

Quammen, David. *The Reluctant Mr. Darwin: An Intimate Portrait of Charles Darwin and the Making of His Theory of Evolution.* New York: W. W. Norton & Co., 2006.

Rabin, L. A., J. Fogel, and K. E. Nutter-Upham. "Academic Procrastination in College Students: The Role of Self-Reported Executive Function." *Journal of Clinical and Experimental Neuro psychology* 33 (2011): 344–57.

Scheffler, Ian. "Football and the Fall of Jack Kerouac." *The New Yorker,* September 6, 2013.

Schneiderman, Stuart. *Jacques Lacan: The Death of an Intellectual Hero.* Cambridge, Mass.: Harvard University Press, 1983 (1994).

Sirois, Fuschia M., and Timothy A. Pychyl, eds. *Procrastination, Health, and*

Well-Being. London: Academic Press, 2016.

Smith, Jean Edward. *Eisenhower in War and Peace.* New York: Random House, 2012.

Sontag, Susan. *Illness as Metaphor.* New York: Farrar, Straus and Giroux, 1978.

Steel, Piers. "The Art of Keeping Up with Yesterday." *The Globe and Mail,* March 11, 2011.

—————. *The Procrastination Equation: How to Stop Putting Things Off and Start Getting Stuff Done.* New York: HarperCollins, 2011.

Stern, J. P. *Lichtenberg: A Doctrine of Scattered Occasions; Reconstructed from His Aphorisms and Reflections.* Bloomington: Indiana University Press, 1959.

Surowiecki, James. "Later." *The New Yorker,* October 11, 2010. https://www.newyorker.com/magazine/2010/10/11/later.

Thaler, Richard H. *Misbehaving: The Making of Behavioral Economics.* New York: W. W. Norton & Co., 2016.

Toker, Franklin. *Fallingwater Rising: Frank Lloyd Wright, E. J. Kaufmann, and America's Most Extraordinary House.* New York: Knopf, 2003.

Wilson, Frances. *Guilty Thing: A Life of Thomas De Quincey.* New York: Farrar, Straus and Giroux, 2016.

서강대학교 신문방송학과를 졸업하고 출판사에서 편집자로 일했다. 지금은 번역 및 출판 기획 프리랜서로 일하고 있다. 옮긴 책으로 《분노와 애정》, 《화장실의 심리학》, 《여성 셰프 분투기》, 《결혼 시장》, 《뜨는 동네의 딜레마, 젠트리피케이션》 등이 있다.

미루기의 천재들

초판 1쇄 발행 2019년 2월 12일
초판 6쇄 발행 2022년 4월 13일

지은이 | 앤드루 산텔라
옮긴이 | 김하현
발행인 | 김형보
편집 | 최윤경, 강태영, 이경란, 임재희, 곽성우
마케팅 | 이연실, 김사룡, 이하영
디자인 | 송은비
경영지원 | 최윤영

발행처 | 어크로스출판그룹(주)
출판신고 | 2018년 12월 20일 제 2018-000339호
주소 | 서울시 마포구 양화로10길 50 마이빌딩 3층
전화 | 070-4808-0660(편집) 070-8724-5877(영업) 팩스 | 02-6085-7676
e-mail | across@acrossbook.com

한국어판 출판권 ⓒ 어크로스출판그룹(주) 2019

ISBN 979-11-965873-2-1 03900

만든 사람들
편집 | 박민지
교정교열 | 홍상희
디자인 | 오필민
본문 조판 | 성인기획